老いてもヒグチ。

転ばぬ先の幸せのヒント

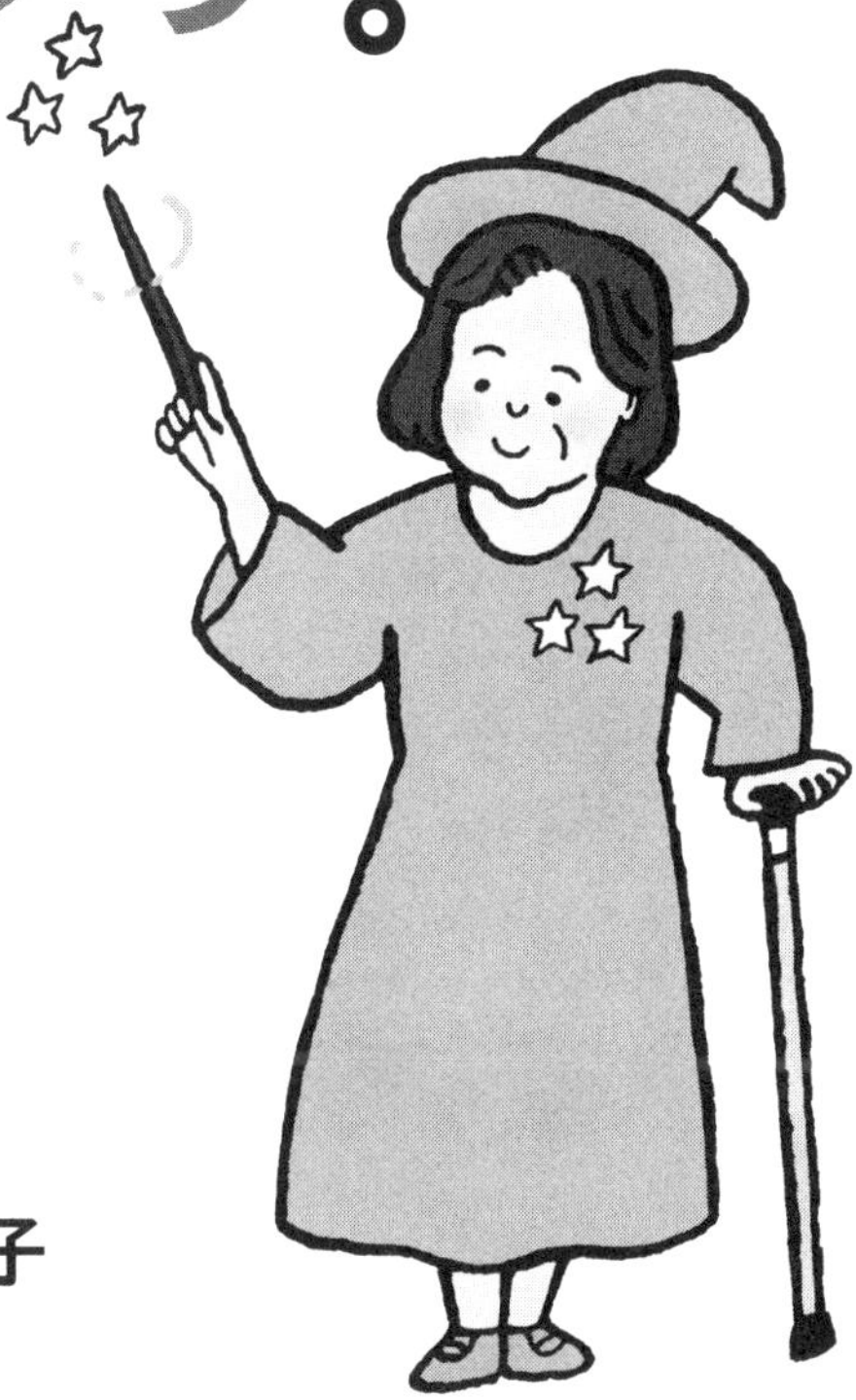

樋口恵子

はじめに
幸せな「老い」を生ききるために

人生一〇〇年時代といわれる昨今、私たち日本人は、前人未到の長い老後の世界に足を踏み入れつつあります。

けれども、八〇代、九〇代を心身ともに健やかに生きるのは至難の業。容易なことではありません。七〇代はまだしも八〇代ともなれば、体のあちこちに不具合は出てくるわ、物忘れはひどくなるわ、何をするのもめんどうくさくなるわで、老化道をまっしぐらに突き進むことになります。

いいえ、まっしぐらではなく、ヨタヨタヘロヘロと、です。体はゆらゆら、頭はもうろうとしながら、のっそりのっそりと進んでいき、気がついた時にはバタッと倒れていたりします。私は、そんな自分自身の姿をかえりみて、この時期を「ヨタヘロ期」と名づけました。

では、ヨタヘロ期を無事に生き延びるには、何が必要なのでしょう。

具体的なことは、本書の内容を読んでいただくとして、まずは、老いゆく自分を客観的にみつめ、受け入れること。しかし、老いを受け入れたとしても、それに対処する生きる手立てがなくては生きられません。生きるためには、自分が置かれている、あるいはこれから置かれるであろう周囲の状況と、もう少し視野を広げて社会的な状況を知ることが大事です。

それぞれの立場や考えに沿って、そこから「どうすればいいのか」と、生きる手立てを探っていくしかありません。

なぜなら、七〇代の人が八〇代を生きるのは、初めての経験であり、八〇代の人が九〇代を生きるのは、やはり初めての経験だからです。しかも、昔のように、同じ屋根の下に子や嫁、孫がいるわけでもなく、いても遠方に住んでいれば、ほとんど頼りになりません。

ふと隣をみれば、何もしない老夫がぼんやりと座っている。このままでは、もしかして老々介護になるのでは？と思うと、心配で夜も眠れなくなるでしょう。だけど、どんな夫でもいないよりはましで、いずれ一人になるかと思うと、これまた不安がつのるというものです。

不安の原因は、自分の置かれている状況がみえていないからだと思います。しかし幸いなことに、不安になる根拠は、国の機関から出ている統計調査をみれば、だいたい把握することができます。寿命の長さは人それぞれですが、自分の年齢だと、概ねあとどれくらい生きられるのか、そのうち何年くらいは健康でいられるのか。男性も平均寿命が延びているけれど、女性の一人暮らしは年々増えているから、どのみち一人になる確率が高いことなどがわかります。統計調査は、自分の老いを客観的にみつめるのに役立つのです。

本書でも、知っておきたいいくつかの統計を取り上げました。また、内閣府では毎年、「高齢社会白書」という統計をまとめた報告書を出しているので、購入するか、内閣府の高齢社会対策のウェブサイトで確認してみるなどして、おおまかでいいので、一読してみてください。そこから、シルバー世代にとって何が不安なのかもみえてくるし、自分自身の不安の種にも気づくことができます。

そうしたうえで腹を括って「よし！　がんばるぞ」と思ってほしいのです。そして、高齢社会をよくしていく行動や努力も、少しだけでいいので、実行してほしい。それが自分自身のためにもなり、多くの高齢女性が一〇〇歳代まで幸せに生きられる道を開きます。

日本が、高齢社会から超高齢社会になって久しいいま、さまざまな面で私たちを取り巻く社会は大きく変わりました。
デジタル機器の広がりや、ＡＩの登場が話題になる一方で、経済は停滞し、格差や性差はあまり改善されず、少子化には歯止めがかかりません。しかし、さまざまな問題に対して、意見を述べ合うことが当たり前だという認識が広がってきたのは、私は前進だと捉えています。
二〇二五年には団塊の世代の全員が後期高齢者となり、新しい価値観のニュー八〇代、ニュー九〇代も生まれつつあります。その方々をモデルに、いま六〇代、七〇代のシルバー世代も、これからが始まりだと考え、「仕切り直し」をして、いきいきと軽やかに生ききってほしいのです。

目指すべきは、「死ぬまで幸せに生きる」です。

本書では、私の経験からいえること、伝えたいことをつらつらと述べてみました。「これは私に当てはまる」と思われることがありましたら、どうぞ参考になさってください。どんな時もユーモアを忘れず、明るく前向きに歩いていたら、なんとかなるものです。

望むべくは、周りの人とコミュニケーションを取りつつ、飛ぶ鳥はあとを濁してもいいから、あとに残る人が笑顔で見送ってくれるようにすること。そのために、一日一日、しっかりと頭を働かせて、人生をまっとうしたいものです。

二〇二四年一〇月　樋口恵子

第1章　人生一〇〇年時代の「老い」とは

第2章 老いに必要な、ライフスタイルを身につける

第3章

健康管理・危機管理は人の手も借りて万全に

第4章 自分の気持ちを大切にする人生の終い方

第5章　この先も人生の主人公。前向きに生きるには

おわりにかえて

本書は、月刊『清流』二〇二二年一月号〜二〇二三年一二月号に連載した「転ばぬ先の心がけ - 人生一〇〇年時代の生き方講座」を元に加筆し、再構成したものです。

使用した図表は編集部にて補足し、［注］やコラムの一部は編集部で作成しました。

ウエブサイトURLは二〇二四年九月三〇日に最終確認したものになります。

第1章

人生一〇〇年時代の「老い」とは

想像するより厳しい「老いの現実」をみつめよう

八〇代半ばを過ぎるとみんなヨタヘロになる

二〜三世帯同居の大家族が激減し、もともと一人世帯だったり、夫婦で暮らしていてもどちらかが亡くなったりと、さまざまな事情により一人で暮らす高齢者が珍しくない時代になりました。ひと昔前なら周囲の人に、「一人暮らしは寂しいでしょう」といわれたものですが、いまは当たり前過ぎて同情もされません。

そして、その自立した一人暮らしにも、やがて限界がやってきます。九二歳になった私の実感でいえば、七五歳からの後期高齢者のなかでも、八〇代半ばまでの前半の老いと、それ以降の老いとでは、体の状態がだいぶ違うのです。

私は五〇歳の時に右膝を強打して、それが治りきっておらず、外出の時にはサポーターをつけています。そうすると調子がよいのです。七〇代までは国際会議にも出かけたし、国内外の旅行には何度も行きと、なんら不自由はしていませんでした。ところが、八〇歳を過ぎた頃からだんだん怪しくなってきたのです。それでもまだ、講演を頼まれれば、一人で行く元気がありました。

そんなある日、私が育った東京の練馬区で講演会があり、帰りに地元の友だち数人で集まることになりました。すると、「足が悪くて歩けない」、「老いた夫の病院のつき添いがある」などの理由で、参加できない人が何人もいたのです。「みんなヨタヘロ期に入ったんだ」と思いました。

その話を、介護の現場に詳しい広島の社会学者、春日キスヨさんにしたら、「八〇代半ばであれば、それは当たり前。なのに、本人も家族も老化への対応をまったく考えていないことに呆れ果てる」といわれました。

体の老化と家の老朽化は同時にやってくる

自分の老いを自覚させられたのは八五歳の夏。体調を崩したのをきっかけに食べられなくなったのです。病院で診てもらうと低栄養といわれ、体力もかなり落ちていました。

前年に、家を建て替えたことも影響したのでしょう。築四〇年を過ぎた前の家はあちこちにガタがきていました。調べてもらったら、「この家は丈夫にできているけれど、今度、大地震がきたらそのまま倒れて、隣の家を押しつぶしてしまうかも」とのこと。見渡せば、亡くなった連れ合いと私の蔵書が山積みになっていて、床の一部が抜けているし、確かに危険です。こうして、八四歳にして、家を建て替えることになりました。

それまでは、家は古いままにしておき、近くにある、食事のおいしい有料老人ホームに入ろうと思っていました。これまで一生懸命に働いてきたので、少しは贅沢をしてもいいかなと。でも、ホームの個室は狭いので、時々広々とした家に帰り、のんびりする。そんな暮らしを夢に描いていたのですが……。

蓄えていた老人ホームの入居金は建築費用に消え、ホーム暮らしの夢も泡となって消えました。体の老化と家の老朽化は、同時にやってくるものなのですね。

一人暮らし、家での転倒・転落は危険だと知っておこう

新しい家には、二階への階段をのぼれなくなった時に備えて、エレベーターをつけました。でも、いっさい使っていませんでした。エレベーターを使うほどで

もないと、高を括っていたのです。ところが、八八歳の夏にこのエレベーターに助けられることに。階段から転落して全身を打撲し、階段ののぼりおりが困難になったのです。幸い、どこにも傷はなく、よくぞ頭や顔をぶつけなかったものだと、みんなに感心されました。

高齢になると転びやすくなるのは仕方のないことです。けれど、もし一人暮らしだとしたら、危険性が高まります。家のなかで転んだ時、誰にも助けてもらえず、発見も遅れるのがその理由です。浴槽でおぼれたりした時も同じく、人に助けを求めたり、自分で救急車を呼んだりしづらくなります。取返しがつかないことにならないために、何か施策を考えねばなりません。

消費者庁の資料にある「六五歳以上の不慮の事故による死因別死亡数」［注1］によると、二〇二一年の「交通事故」による死者数は二一五〇人。「溺死・溺水」によるものが六四五八人（約八割が浴槽内）で、交通事故の三倍程度です。不慮の事故による死因は、「溺死・溺水」「不慮の窒息」「転倒・転落・墜落」の順に多くなっていきます。家のなかで起こる事故がほとんどなのです。

できるだけ長く自宅で暮らすには、いざという時の助けをどこに求めるか決めておくこと。終の住みかを有料老人ホームにするのであれば、その資金はどう調達するのか。体が動くうちに老いの現実と向き合い、考えておく必要があります。

注1　消費者庁リーフレット「無理せず対策　高齢者の不慮の事故」2022

来たるべき「ヨタヘロ期」の背景にあるもの

高齢社会のトップを走る日本

日本はいま、不安定な国際関係や地球温暖化など、世界の平和や人類の存在をおびやかすような問題に囲まれています。と同時に、地球上の人々の暮らしに直結する高齢化という変化も見逃せません。その変化は急激ではないものの、人と社会のあり方を変える大問題として、どの先進国にも存在しています。そして、ほかの国に水をあけて高齢化の世界トップに立っているのが日本です。

二〇二一年の東京オリンピック・パラリンピックが終わったあとの敬老の日に、総務省統計局から「統計からみた我が国の高齢者」という推計が発表されました。それによると、日本の六五歳以上の高齢者人口は三六四〇万人で過去最多を更新し、総人口に占める割合（高齢化率）も過去最高の二九・一％［注1］と、世界で最も高くなりました。その後、発表された内閣府の調査によると［注2］、高齢化率は上昇を続け、二〇七〇年には国民の約二・六人に一人が六五歳以上、約四人に一人が七五歳以上となると推計されています。

もしオリンピックに「高齢化」という種目があったら、日本はたちどころにメダルを獲得すると思いました。高齢者の総人口比は金メダル。銀メダルが平均寿命。女性の平均寿命は八七・一四で、男性は八一・〇九です［注3］。

高齢化の速度もメダル圏内です。高齢化率が七％からその倍の一四％に達するまでの所要年数（倍加年数）によって、老化を比較する国際的な指標があります。

日本はこの倍加年数が二四年と、かなり速いスピードで高齢化が進んでいると考えられます。ちなみに、高齢化率が七%を超えると「高齢化社会」、倍の一四%を超えると「高齢社会」、二一%を超えると「超高齢社会」といいます。

これから始まるお手本のない高齢・長寿社会

日本は世界でもトップクラスの長寿国ですが、現在、一〇〇歳前後で生きている人はそれほど多くはありません。なぜかといえば、戦争があったからです。戦争に行って亡くなったのは、主に大正生まれの男性です。私のいとこは一九二二(大正一一)年生まれですが、旧制高校の同窓生の半分は戦死したそうです。私が二六歳で結婚した夫は一九二七(昭和二)年生まれで、終戦の半年前に徴兵検査を受けましたが、戦争には行かずにすみました。

一方、その時代の女性の多くは、夫に養われる生き方をしていました。適齢期の女性たちが終戦を待って結婚しようと思った時には、養ってくれるはずの男性がごっそりいなくなっていました。そのため、否応なく独身のまま生きた女性も少なくはありません。戦争によって結婚適齢期の男性の数が激減した結果、女性も結婚のチャンスを失って非常な苦労を強いられたのです。

本来は一〇〇歳前後まで生きる人がもっといたはずなのに、その年代の人数が少ないため、「高齢社会をどう生きるか」の集団的お手本がありません。人生一〇〇年を生きるトップバッターは、いま九〇代の人ですが、世代としてまとまって八〇代以降を生きる高齢・長寿社会は、実はこれからが本番だといえます。

豊かな時代になったから長生きできた

私は昭和一桁（昭和七年／一九三二年）生まれで、戦争中は学童疎開で戦火を逃れて生き残り、戦後の医療の進歩や社会保障などの恩恵を受けた最初の世代です。私の世代のあとに生まれ、いまは高齢者となった人が長生きするようになったのは、戦後の急速な復興と高度成長によって、日本が豊かになったからにほかなりません。

終戦後は、最初の頃こそ食べるものに困ったものの、すぐに回復して学校給食が開始され、六三制の義務教育が発足しました。その後、高校進学率も八割を超えて、知的教育が盛んに行われました。そのおかげで優秀な人材が育ち、高度経済成長をがっちり支えたのです。

昭和三〇年代にはすでに、公的医療保険、公的年金制度ができ、勤労者の生活がかなり保障されました。電気洗濯機や冷蔵庫も普及して、家事労働もぐっと楽になりました。そういう豊かな時代を生きて長生きし、八〇代後半にたどり着いたところでヨタヨタヘロヘロになった自分に驚き、「想像していた老いとはちょっと違うわ」などといい出したのが、私や私と同年代の周囲の女性たちです。

これからの高齢者が直面するのは、「人生一〇〇年時代の初めての老い」であるということです。

さらに、そこへ大きな影を落としているのが少子化問題です。これについてはのちほどみていくことにしましょう。

注1　2024年の同統計では、日本の65歳以上の高齢者人口は3625万人、高齢化率は29・3％。
注2　内閣府「令和6年版 高齢社会白書」2024
注3　厚生労働省「令和5年簡易生命表の概況 表2 平均寿命の年次推移」2024

少子化、「ファミレス時代」に生きる私たち

回復しない出生率。徐々に減っていく人口

寿命は延びたものの子どもの数は減り、三世代同居も少なくなったいま、高齢者を支える「家族」がどんどん少なくなっています。そのことを人口統計の数値からみてみましょう。

高齢社会の要因は主に、死亡率の低下による六五歳以上人口の増加と、少子化

による若年人口の減少だといわれています。少子化とは、生まれる子どもの数が少なくなること。実際、二〇二三年に生まれた日本の子ども（出生数）は七二万七二八八人で、合計特殊出生率（以下、出生率）［注1］は一・二〇と、かなり低くなっています［注2］。

一方、日本の人口をみてみると、ずっと上昇を続けていたのが、二〇〇八年の一億二八〇八万人をピークに徐々に減り始め、二〇五六年には一億人を切ると推定されます［注3］。人口が増えも減りもしない静止人口をキープするための出生率は二・〇六～二・〇七とされているので、現在の出生率では当然、人口は減っていきます。

私の世代（九〇代前半）が生まれた頃の出生率は五くらいあったのではないでしょうか。小学校の同級生には五、六人きょうだいがざらにいて、上の子は下の子の子守りをしながら遊んでいたものです。戦後のベビーブーム（一九四七～一九四九年）には四・五四～四・三二だった出生率は、その後急激に減っていき、いまの天皇が誕生された一九六〇年は二・〇〇に。それ以降は、一時的に上がることはあったものの、徐々に下がって二を切るようになりました。

その原因の一つは、都会に出て働く給与生活者がどっと増え、時代に合う新生活運動の一環として、産児制限・計画出産が広められたことなどがあげられます。

一人の高齢者を二人の現役世代で支える時代へ

ここで注目したいのは、出生率が低下し、全体の人口も減少傾向にあるけれど、平均寿命が延びたぶん、七五歳以上の後期高齢者の人口は増え続けており、九〇代、一〇〇歳以上まで長生きする人も増えていること。つまり、「子どもは生まれなくなり、老人は死ななくなった」のです。

するとどうなるのか。人口構成を年齢軸の棒グラフで表し、一つの図表にしたものがありますが、かつては下から上（年齢が低いほうから高いほう）に向かって細くなっていくピラミッド型になったので、これを「人口ピラミッド」と呼んでいました。しかし、少子高齢化が進んでいくと、棒グラフの下のほうが細くなり、真ん中がふくらむ「ビア樽」状態になって、さらに進むと「盃《さかずき》」の形になると思われます（図表1参照）。ということは、一人の高齢者を支える現役世代の割合が少なくなるということ。二〇二三年は一人の高齢者を二・〇人の現役世代で支えており、さらに、二〇五二年には一・三人で支えることになると推計されています［注3］。

最近の出生率低下の原因は、独身率（未婚率）が増えたことにも関係がありまず。二〇二三年に発表された厚生労働省の調査［注4］によると、一九九〇年は男性五・六%、女性四・三%だった五〇歳時での未婚の割合は、二〇二〇年には男性二八・三%、女性一七・八%になり、二〇四〇年は、男性二九・五%、女性一八・七%になると推計されています。

図表１ 日本の人口ピラミッドの変化 イメージ図

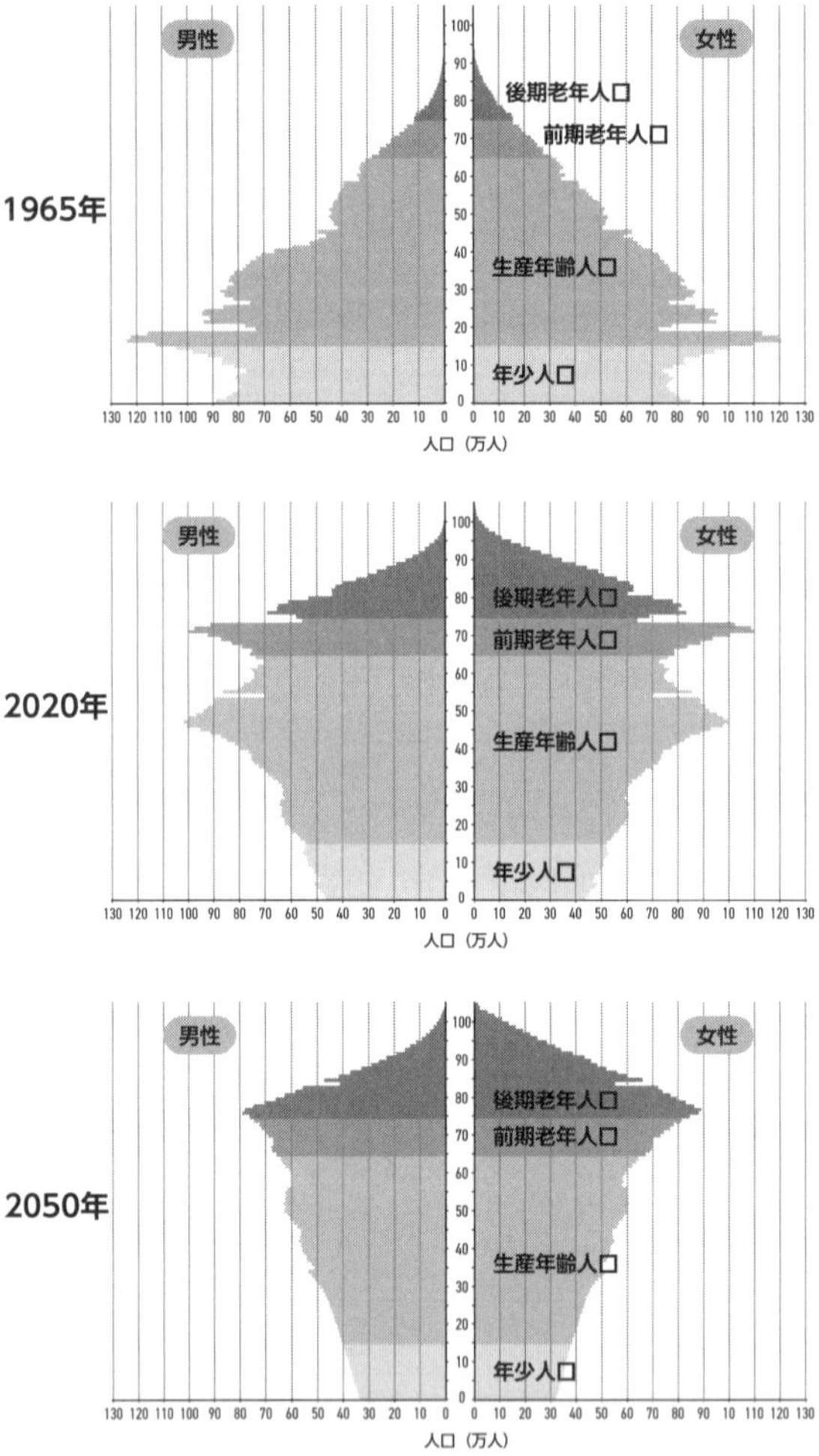

出典＝国立社会保障・人口問題研究所ホームページ「人口ピラミッド（1965年、2020年、2050年）」を元に作成（https://www.ipss.go.jp/site-ad/TopPageData/PopPyramid2017_J.html）

ファミレス時代、誰に介護を委ねるのかが問題

出生率の低下と未婚率の高まりからみえてくるのは、家族の支えがない高齢者の現状です。高齢者のいる世帯がどういう構成になっているかを表した資料［注3］をみると、介護保険制度がスタートした二〇〇〇年では、高齢の一人暮らし世帯が一九・七％で、老夫婦世帯が二七・一％でした。それが二〇二二年では、それぞれ三一・八％と三二・一％に増えています。この二つの世帯を合わせると六割以上に。ちなみに三世代世帯は、二〇〇〇年に二六・五％あったのが、二〇二二年にはなんと、七・一％にまで減少しているのです。

このように、家族（ファミリー）と呼べる世帯が激減している状況を、私は「ファミレス」と名づけました。「ファミレス時代」になったいま、何がいちばん問題なのかというと、介護です。いまは一人で自立している人も、老夫婦二人でなん

とか生活している人も、いずれ誰かの手助けが必要になってきます。しかし、子世代と同居していないとなれば、いったい誰に介護や最期の看取りの役を頼むのかという問題が、他人ごとではなく自分の身に迫ってきます。

では、どのような対策を取ればいいのか。まずは、要介護予備軍も含め、一人ひとりが、老いの現実に向き合うところから始めるしかないと、私は思います。

注1 合計特殊出生率：1人の女性が生涯に産む見込みの子どもの数の指標となるもの。
注2 厚生労働省「令和5年（2023）人口動態統計（確定数）の概況」2024
注3 内閣府「令和6年版 高齢社会白書」2024
注4 厚生労働省「令和5年版 厚生労働白書」2023

ファーストペンギンとして「老い」の大海へ漕ぎ出そう

年齢とともに、毎日が億劫さとの闘いになる

高齢・長寿社会になったといっても、一〇〇歳まで生きる人々が本格的に増えるようになるのはこれからです。そのなかに自分自身が含まれていると思えば、一〇〇歳までをどう生きるか、考えざるを得ません。

天敵がいるかもしれない海に、獲物を求めて真っ先に飛び込むペンギンのこと

を、ファーストペンギンと呼ぶそうです。シルバー世代の人たちが一〇〇歳までの人生を見据えるならば、まさにファーストペンギンのような「老い」の大海に飛び込む勇気をもつ必要があるでしょう。

勇気は覚悟ともいえます。老いの覚悟の一つは、「億劫」という気持ちに負けないこと。ある年配の女優さんが「歳をとったらすべてが億劫さとの闘いである」とおっしゃいましたが、その通りです。

いまでも思い出して反省するのは、六〇代後半くらいから、昼間でもごろごろ寝転んでいることが多くなった母に向かって、「昼間は起きているものよ」などと、きつく非難したこと。そんな時母は「私の歳になってみなきゃわからないわよ」といい、私もまた「経験していないことはわからない」といい返したものです。

母の時代は、体が弱るのがいまより十数年早かったので、八〇歳前後からの私の「老いの体感」とぴったり重なります。いまの私が実感するのは、「ただ寝っ転がっているのがなんと楽ちんなことか」という境地。夜、早々に寝巻に着替えてごろんと横になっているうちに、億劫さの誘惑に負けて、歯を磨かずに寝てしまうこともたまにあります。

若い頃から億劫なことはあまたありましたが、歳をとってからの億劫さは、ただの「めんどうくさい」レベルを超え、体と心から「老い先短いのだから、もう何もしなくていいよ」という声が聞こえてくるほどです。

しかし、そこで葛藤しながらも、「やらなくちゃ」と立ち上がらないことには、前に進めません。それがファーストペンギンたるものの役割でもあります。

自分の足で歩き続けたいなら、運動で動ける体を保つ

億劫さを振り払う対策の一つは、できるだけ動ける体を保つこと。私は、世の

中には、体を動かすのが得意な人と、頭で考えるのが得意な人がいると思っています。前者は、身体剛健で運動神経抜群、体力も十分にある人。一方、後者は、身体虚弱で体があまり動きません。半面、割に頭がよくて物事を理性的に考えます。私の場合はずっと後者で生きてきて、体が弱くても頭がしっかりしていれば、なんとかなると思っていました。

ところが、ふと気がつくと私の体は、頭でコントロールできないくらい弱っているし、いいと思っていた頭もガタがきているではありませんか。そこで初めて気づきました。頭と体はつながっているのだと。

そんな私がどうしたかというと、八〇代になって、パーソナルトレーナーの方の指導を月に二回受けるようになりました。最近は、一〇日に一度自宅に来ていただき、サポートしてもらいながら全身を伸ばしたり、スクワットをしたり、ストレッチをしていたります。しっかり歩けるかどうかもみてもらい、膝の使い方なども指導していただきます。全部で一時間くらいですが、体を動かした後は血行がよくなるせいか、顔色がパッとよくなり、気分も爽快です。

内閣府の調査をみると〔注1〕、七五歳以上で運動習慣のある人は、男性四六・九%、女性では三七・八%と案外と多いのですが、私にはそのような習慣はありませんでした。趣味にもお金を使わず、運動にも投資したくないタイプでしたが、これぱかりは仕方ないと覚悟しました。長生きするのであれば、頭がぼけることばかり心配するのではなく、ヨタヨタとでも自分の足で歩くことを目標にしなくてはいけないと、自覚したのです。

何かと心強い女同士の老い仲間

私よりもっとヨタヘロになっている同年配の人も大勢います。同級生の誰かが病気で入院している、認知症を患って施設に入っている、という話を伝え聞くことも珍しくなくなりました。

そんな昔の友に対して、「懐かしいな、会いたいな」「お見舞いに行って励まそうか」と思っても、一歩が踏み出せず、立ちすくんでしまうのです。先方が私の名前くらいは覚えていても、手を取り合っておしゃべりをすることはかなわないでしょう。小学校からの大親友が施設にいるので、私が元気なうちに会いに行こうとは思っていますが、それはお見舞いというより、「今生の別れ」のためです。お別れをしたい気持ちになるのは、その親友が、思春期から老年期にいたる長い間、何かにつけ話を聞いてくれたり、私のほうも相談に乗ったりして、お互いに会えば元気をもらえる存在だったから。いわば女の友情で結ばれているのです。

女友だちは実にありがたいものです。女同士なら老いて一人暮らしになっても、食事のことも体のこともなんでも相談できます。

シルバー世代の女性たちに提案したいのは、老い仲間を作っておくこと。仲間同士でファーストペンギンになるのであれば、勇気一〇〇倍でしょう。

注1 内閣府「令和6年版 高齢社会白書」2024

毎日が「老っ苦う」。うまくつき合うワザがある

後期高齢者の仲間入りとともに湧いてくる億劫の虫

前項で、「歳をとったらすべてが億劫さとの闘いである」といいましたが、「本当にその通り」と共感された方も多いのではないでしょうか。食卓を整えるのも、お風呂に入ることさえも、なかなか行動に移す気になりません。体を動かさないと次に進めないので、「エイッ！」と気合いを入れて無理やり自分を鼓舞している

状態です。

億劫は「老《お》っ苦《く》う」。これを老っ苦うといわずして何と呼べばいいのでしょう。まさに、老いの苦しみとの闘いです。

友だちに会いに行くのも、以前はあんなに楽しみにしていたのに、いまは雨でも降ろうものなら、出かけるのが億劫でやめてしまうありさま。家で寝っ転がって、テレビでもみていたほうが楽だと思うからです。

「これではいけない」と思い直し、そのたびに、億劫を追い払っているわけですが、闘い過ぎると疲れ果て、逆に生きる気力が萎えてきます。がんばりが効かないのも、また老いなのです。

はて私は、何歳ぐらいまで億劫さを感じなかったのか？

振り返ってみると、七〇代半ばくらいまでは、地方での講演も苦にならず、元気よく行っていました。それが「アラ傘寿《さんじゅ》」の声を聴くようになった頃から、億劫の虫が頭をもたげてきたのです。

七五歳以上の人を「後期高齢者」と呼ぶのはいかがなものか、と思っていましたが、七五〜八〇歳くらいが、老いの階段を上がり始める一、二歩めであることは認めざるを得ません。

人前に出る機会を作り、気合いを入れて億劫を振り払う

では、億劫に立ち向かうために、どこで気合いを入れるかというと、私の場合は仕事です。

仕事の依頼があれば、資料を読み込んだり、文章を書いたりしなければなりませんから、横になっている体を無理にでも縦にして机に向かいます。新聞や雑誌の取材があれば、あらかじめ与えられたテーマについて、考えをまとめて、記憶違いがないか調べたりします。たまに、テレビ出演なんてこともあり、そんな時

は美容院に行って身なりを整えます。緊張もしますから背筋がシャンとします。人と会ったり、人前に出るとなれば、自ずと気合いが入るものです。億劫になるのは、たぶん、すぐにでもやらなければならない緊急性や切迫した事情がないからだと思います。

だとしたら、意識して人と会ったり、人前に出る機会を作ったりするのはどうでしょう。そのためには、外に出かけて行かなければなりません。趣味の習い事でもいいし、勉強会でもいいのです。月に一回や、週に一回の予定をカレンダーに書き込むだけでも、やる気が出てくるのではないでしょうか。

負担になる家事は人に頼み、億劫と上手につき合う

とはいえ、いつも、やる気満タンでいるわけにはいきません。そこは疲れない程度に調整しながらやっていくのがいいのです。

億劫を否定するのではなく、老いの自覚をもちつつ、ある程度は受け入れたほうが、自分の身を守ることができます。

負担になってきた家事などは、人に頼むというワザを使いましょう。私の場合は、週に二日、シルバー人材センター［注1］の人に来てもらい、食事作りと、掃除、洗濯をしてもらっています。

最初は代金が割安なのがいいと思いお願いしたのですが、スタッフは地域に住んでいる人たちなので、知っている先生がいた学校のことなど、共通の話題があるのです。親近感が湧いて、いまではとても心強く思っています。

それに、皆さん家事のベテランです。食事はおいしく、部屋はすっきり清潔にしてくれます。

億劫に立ち向かいながらも、苦しい部分は無理をせずに人にお願いしながら、上手に老いとつき合っていく。その億劫を自分だけ、家族だけで解決しようとしないこと。これは、人生一〇〇年時代を生き抜く知恵の一つです。

家事を、家族以外の人の手を借りて解決することを可能にする、世の中の仕組みも徐々にできつつあります。食事に関しては、コンビニには少量パックのお惣菜がいろいろあるし、宅配のお弁当も便利です。お財布に余裕があれば、家事代行サービスを利用するのもいいでしょう。

それらを利用し、家事や調理をアウトソーシングすること自体、働ける人が働けない人を助ける仕組み作りに貢献します。

高齢になればなるほど、自助より共助が大事なのです。

注1　シルバー人材センター：「高年齢者等の雇用の安定等に関する法律」に定められた、地域ごとに設置されている会員組織。原則60歳以上が会員として登録可能で、仕事の種類や発注などの詳細は地域のシルバー人材センターにより異なる。

「貧乏ばあさん」にならないために、いま働いておく

思いのほか多い、年収二〇〇万円未満の「貧乏ばあさん」

女性は男性より平均寿命が約六歳以上長い上、年上の夫と結婚している妻は、一人の老後がさらに長くなる可能性があります。高齢女性の不安の大半は、お金がないことだと、私は思っています。若い頃から働き続けてきた女性は、ある程度の貯金もあるでしょうし、会社員だったら老齢厚生年金もあるので、経済的な余

裕があるでしょう。しかし、専業主婦だった高齢の妻が夫に先立たれると、年金額がぐんと減り、「貧乏ばあさん」の道へまっしぐらです。どのくらい貧乏になるかみてみましょう。少し前のデータですが、二〇〇八年に内閣府がまとめた調査［注1］では、六五歳以上の女性の単独世帯では、年収五〇～一〇〇万円未満がいちばん多く、一〇〇～一五〇万円未満、一五〇～二〇〇万円未満と続きます。一方、夫婦のみの世帯では、年収四〇〇万円以上がいちばん多く、次に多いのが三〇〇～三五〇万円未満でした。

「この先どうなるのだろう」と心配になった人は、働いて少額でも収入を得る手立てを考えましょう。「体力も気力もない」「この歳で仕事があるの？」と思われるかもしれません。私の経験からいって、六〇代であれば、まだまだ体は動くので十分働けます。七〇代であっても、できる仕事は探せばいくらでもあります。

なぜなら、これからの日本は労働力不足が大きな問題だからです。男性は定年退職を六五歳とすると七五歳までの一〇年、女性は子育て期が終了するのを五五歳と仮定すると二〇年あります。この労働力を総動員しなければ、労働力不足は補えません。国の方針としても、七五歳まで働くことが推奨されているのです。

実際に、働いている人はけっこういます。内閣府の「高齢社会白書」［注２］でみてみると、六五歳以上の就業率は一〇年前と比べると六五〜六九歳で一三・三、七〇〜七四歳で一〇・七ポイントと伸びています。職種は「卸販売、小売業」が最も多く、「医療、福祉」「サービス業」「農業、林業」と続きます。女性の場合、六〇〜六四歳の就業率は六三・八％、六五〜六九歳が四三・一％、七〇〜七四歳で二六・四％となっています。ただし、男性の就業率は、それぞれの年齢区分で女性よりも高くなっており、女性もそれと同等の就業率を目指す必要があります。

地域の広報紙を活用して仕事を探そう

私が理事長を務めていたＮＰＯ法人「高齢社会をよくする女性の会」に、高齢者の就労についてレポートする依頼がきて、三人の会員が実際に仕事を探してみたことがあります。それで、試しにシルバー人材センターに登録したら、すぐに、子どもの送迎など子育て支援の仕事がもらえて働き始めたそうです。三人とも大学教授や会社の部長などキャリアのある人でしたが、実際に働こうと思ったら肩書はいったん外さなければなりません。それくらいの気概をもつことと、すぐに実行するフットワークの軽さがあれば、仕事はきっとみつかります。

仕事を探す時に役に立つのは、月に一～二回、自宅のポストに入っている市区町村の広報紙です。そこにはシルバー人材センターの紹介や、高齢者向けの仕事の募集コーナーなど、いろいろな求人情報が載っています。新聞の求人欄やウェブの求人サイトでみつけるのもいいのですが、広報紙であれば、より身近な地域での仕事がみつけやすいのです。

もう一つ、いままでやってきた仕事を延長する形で探すのもいい方法です。私の遠縁にあたる女性は、高校の教師をしていたのですが、定年退職したあと、私立高校の非常勤講師になりました。給料は安くなっても一〇年働けば、施設に入る頭金くらいにはなるかもしれません。

楽しく働き、ありがたくお金をいただく

私はといえば、結婚して二年間は専業主婦でいたものの、夫に「君にはもっとできることがあるはずだ」といわれたのがきっかけで職探しを始めました。新聞の三行募集広告をみては履歴書を送ること一〇〇回以上。なんとか出版社に入社できました。ところがその五年後に夫が急死し、幼い娘と二人の生活のために無我夢中で働きました。その後、仕事をしながら女性問題の研究を始め、評論家として独立したのが三九歳の時。それから半世紀以上経ちましたが、一貫して仕事をしてきた私にとって、働くことは空気のようなものです。たまに、空気が吸え

る喜びを忘れて、ぐちをこぼすこともありますが、仕事があることほどありがたいことはないと思っています。

何がありがたいのかといえば、第一に堂々とお金をいただけることです。次に、仕事をする楽しさ。六〇〜七〇代といえば、夫の会社での出世競争にも、子どもの受験や就職にも勝負がついて、潔く現実を受け止めることができる時期です。心穏やかに過ごせるこの貴重な時期を、楽しく働くことに使ってみたらどうでしょう。それが「貧乏ばあさん」からの脱却を実現させてくれます。

先輩の私からは、「まだまだ時間はある。未来のばあさん、しっかり働いて楽しく暇つぶししましょう」とエールを送りたいですね。

注1　内閣府男女共同参画局「男女別に見た高齢者の自立をめぐる現状」2008
注2　内閣府「令和6年版 高齢社会白書」2024

第2章

老いに必要な、ライフスタイルを身につける

「八〇歳調理定年」と決めて、食を確保する練習を

体力の限界を感じたら、調理はやめる

結婚以来、毎日料理を作り続け、夫が定年退職しても、「飯はまだか」といわれる生活を続けてきたという妻の嘆きをよく耳にします。夫は定年後、妻が作った料理をおいしく食べる生活を一〇年以上続け、しっかり健康を保っています。けれども食事作りに定年はなく、妻は疲れ果てています。

完成した食事が目の前に出てくるのが当たり前だと思っている夫のなんと多いことか。そんな状態を改善したいと思いませんか？

妻は自分の体力の限界を感じたら、きっぱり調理をやめること。これが、「八〇歳調理定年」のすすめです。会社勤めの男性に定年退職があるのなら、家族の食を担ってきた女性には調理定年があってもいいのではないでしょうか。

食生活について、私はある時期までは、女性は心配ないと思っていました。自分で調理ができれば、健康で長生きできる可能性が高いからです。ところが平均寿命が延びて、九〇代まで生きるとなると話は違います。足はふらふら、膝や腰は痛い、腕は上がらない、頭は働かない。そんな状態では、調理など無理というものです。

時には一人で飲食店へ。日常的な外食に慣れておこう

高齢女性の多くは、家庭のなかで家事・育児を担ってきたので、料理がまったくできない人はあまりいないでしょう。一方、現在五〇代から上の男性は、学校教育の場でも家庭科を学ぶ機会が少なく、成人してからも料理とは無縁で生きてきた人が少なくありません。勤め人であれば、仕事の合間に一人で分相応の店に入り、昼食をとるのが普通だったでしょう。ですから、高齢になって、妻が食事を作らなくなったらさぞや困るだろうと思いきや、夫は一人で外食するのに抵抗がなく、問題ないのです。

それに比べ、私と同年代くらいの女性は、一人で飲食店に入れない人がたくさんいます。調理を怠けているという罪悪感があるのと、そもそも店に入り慣れていないのです。しかし、調理定年後のことを考えれば、外食にも慣れておかなく

てはなりません。

一人外食のハードルが高いようなら、地域の「シルバー食堂」に行く、という手もあります。シルバー食堂とは、基本的には六五歳以上の高齢者のために食事を提供することを目的とした、各自治体やNPO法人、地域の老人クラブなどが運営している食堂です。一人暮らしや障害があるために自分で食事が準備できない人が気軽に訪れることができ、食事をしながら地域の人たちと交流できる場となっています。

名称は「シルバー食堂」のほかに、「ふれあい食堂」「みんなの食堂」などさまざまですが、近くにあれば、一度見学に行ってみたらどうでしょう。また、「子ども食堂」のなかには、高齢者が参加できるところもあります。そんな「外食」で、一人外食に慣れるのもいいかもしれません。

家の周りに飲食店がなくても、駅のほうまで歩くなり、バスに乗るなりして出かけてみれば、一人で入れるお手頃価格の店はたくさんあります。そこで、気に入ったものを選び、ゆっくりくつろいでおいしく食べれば、栄養もしっかり摂れそうです。飲食店に行くために、歩いたりバスに乗ったりするのもいい運動になります。

出来合いの惣菜を利用し、人の手も借りる

「毎日外食はちょっと……」という人は、スーパーでお惣菜を買いましょう。買い物をするという行為は、自己決定権を行使することです。スーパーに並んでいる数ある食品のなかから、これはと思うものを選りすぐって買い物かごに入れることに、自己決定の喜びがあり、精神の自立もあります。もちろん、コンビニでもいいのです。最近は、少量パックのお惣菜が豊富にそろっていて、レンジでチンするだけでおいしく食べられます。

もう一つ、調理定年後の対策としてあげられるのは、人の手を借りること。私

はシルバー人材センターの人に週に二回、昼食を作ってもらっています。

また、誰かと一緒に食事をするのも、若干の緊張感があって、いいものです。夫や近所の友だちと、週に一度くらい連れ立って外食に行くのも、生活に変化がつき、気晴らしにもなります。名づけて「週一家庭外食堂」です。ランチなら、値段もそう高くはありません。妻の調理定年に備えて、夫とおふたりさまで「週一家庭外食堂」の実践はとてもよい練習になりますし、友だちと二〜三人で集まれば、いろいろな情報交換もできて、おしゃべりが息抜きにもなるでしょう。

「食べることは生きること」といわれますが、「食べること」の周辺にある便利なものを上手に利用して「生きること」が大事だと、知ってほしいのです。

食をおろそかにしてはいけません。「作らずとも食べること」を心がけましょう。

「調理定年」を実行するための五つの工夫

①体力が落ちたと感じたら、「食事作り担当を引退する」と宣言する

「もう作らない」「作れない」と夫に伝えます。そして、家事手伝いを依頼するなど、人の手を借りることを考えてみます。

②「手作り主義」をやめる

調理済みのレトルト食品を利用し、温めるだけにする、市販の惣菜や弁当や宅配サービスの利用などで、作らずに食べる工夫をしてみます。

③作る負担を軽くする

料理がやりがいになっている人は、無理にやめる必要はありません。ただし、いままでどおりにできなかったり、時間がかかったりしても、自分を責めないこと。作り方がめんどうなものは市販品を利用し、簡単なおかずやみそ汁だけ作るようにすると、負担は軽くなり、罪悪感が消え、達成感ももてます。

④夫に料理を作ってもらう

大変なのはお互いさま。家事分担で負担も分担。買い物や台所に立つこと、料理の楽しさをお裾分けします。「お願い」と頼って、ほめて、やる気を出してもらいましょう。

⑤時々は夫婦で外に出て食事をする

連れ立っての外出は、夫婦の時間を楽しむ気持ちをもって。「家で作ればもっと安くすむのに」「出かける時間がもったいない」などと、思わないことも大切です。

「トモ食い作戦」でつながりながら体調を整える

人と一緒に食事をすることで、低栄養リスクを避ける

私は八五歳の頃、食欲が落ち、低栄養になり、体調を崩したことがあります。いわゆる栄養失調です。いまの時代に栄養失調?と思われるかもしれませんが、高齢女性には珍しくないことなのです。

食育推進施策（食育白書）［注1］の結果をみても、女性の場合、六五歳以上の二〇・七％、五人に一人が低栄養傾向にあり、八五歳以上では二七・九％に上っています。男性の場合、それぞれ一二・四％、一七・二％で、驚いたことに、男性より女性のほうが低栄養に陥りやすいという結果です。栄養が足りないと、体力が低下するばかりか、転倒や骨折のリスクも高まるのであなどれません。

一方、男性の平均寿命が八一・〇九歳で［注2］、女性より先に亡くなることを考えると（女性の平均寿命は八七・一四歳）、八〇代女性の多くが「おひとりさま」になる可能性大です。おひとりさまになれば、夫の「飯はまだか」の束縛からは解放されるものの、自分で一人分の料理を作り、食卓を整えて食べることが億劫になります。しかしこれが実は、低栄養への入り口なのです。

私が低栄養になったきっかけは、家の建て替えでした。四〇年余り住んでいた家が古くなって、建て替えを余儀なくされた話は一章（18ページ）でもしましたが、これがけっこう大ごとでして……。床が抜けるほどあった本類を整理し、不要な物を捨てて仮住まいへ引っ越し、新居ができるとまたそこへ移動して片づけと続けば、八〇代半ばの体には、さすがにこたえました。好きだった料理作りがめんどうくさくなり、冷蔵庫にあるハムやヨーグルト、食パンなどでちゃちゃっと食事をすませてしまっていたのです。

歳をとっておひとりさまになると、「買ってきた物をそのままテーブルに並べて食べる」とか、「冷蔵庫から出した残りおかずを立ち食いして食事は終了」という話を聞きます。そんな食事では栄養バランスが崩れ、食事量も減ってしまいます。

私も、まさにそんな状態でした。かなり無精になっていたのです。体調を崩し、「これではいけない。まともな食生活が高齢者の健康の基本なのに。このままでは、出かけることも人前に出ることもできなければ、生きる楽しみもなくなる」と深く反省しました。そこから、三度の食事で、いろいろな食品をまんべんなく食べることを心がけ、「食い改め」ました。そうしてようやく、体調を取り戻していったのでした。

食生活改善策のなかでも効果的だったのが「トモ（友）食い作戦」です。気の合う友に会い、一緒に食べることは楽しく、食への意欲が出ました。楽しい気持ちで食べることは体にも心にもいい影響を与えてくれます。少し前のものになりますが、「食育推進施策（食育白書）」［注3］に、食事をともにする頻度が高い人は孤食の多い人に比べ、食事のバランスがよく、食生活が良好な傾向との結果も出ています。

私は医師の娘と同居していますが、彼女とは生活時間帯が違うので、孤食になりがちです。そこで、週に二回、シルバー人材センターに私の食事作りをお願いしています。そして、その日に合わせて、私の助手など二〜三人を誘って一緒に食事をするようにしました。助手の食事は自分たちで調達します。

何人かで食卓を囲むと自然と食が進み、自ずと栄養もしっかり摂れるというものです。

もし、出かける元気があれば、友だちと外食を楽しむのもいいし、自宅に招いて、持ち寄りでも出前を取ってもいいので、ランチ会を開くのもいいと思います。「同じ釜の飯を食う」ことで孤食を防ぎ、会話を通して人とのつながりができれば、体調の悪さも吹き飛ぶでしょう。

健康的な食事を取り戻し、生きるエネルギーにしよう

昭和三〇年代に、結婚して数年間、夫の転勤先の社宅で私が専業主婦をしていた頃のこと。あるお宅で母親が娘に、「あなたは女だからがまんして、お兄さんと弟に（食べ物を）あげましょうね」というのを聞き、まだ家父長的な発想をする人がいるのかと、ショックを受けました。

主婦と呼ばれる女性は、高齢になるまで「食生活の中心」にいたようにみえま

すが、それは食事の提供者としての「中心」でした。家族の都合によって自分の食事がおろそかになったり、お昼ご飯は残りものですませるのが習慣になっていたりと、案外、主婦自身の「食」はいい加減だったのだと思います。

健康的な食生活を取り戻すには、やはり「トモ食い作戦」で、ご飯友だちを増やすのが有効です。家でご飯を食べられない子どものために「子ども食堂」があるように、一人暮らしの高齢者のためにも、もっと気楽な「じじばばカフェ」があればいいなと思っています。一つの小学校区に一か所ずつくらい、高齢者が集まって、食べたり話したりできるような場所を作れば、そこが人との出会いの場にもなります。もしかしたら、散歩や趣味の仲間もできて、孤独感が薄れるかもしれません。

食をともにする機会が増えることは、人とのつながり、社会とのつながりを生み出し、それが生きるエネルギーになることは、間違いありません。

注1　農林水産省「令和5年度食育推進施策（食育白書）」2024。「図表2－3－4 低栄養傾向の者の割合（65歳以上・性・年齢階級別）」では、BMI20・0kg／㎡以下を低栄養傾向の指標として設定している。

注2　厚生労働省「令和5年簡易生命表の概況」2024

注3　農林水産省「平成29年度食育推進施策（食育白書）」2018

私の子ども時代の食習慣

食事は高齢者の体と心の命綱になるものですが、食生活の習慣は育った環境に大きく影響されます。私の場合を振り返ってみると……。

わが家は東京の山の手の典型的な中流家庭でした。父親が仕事で帰りが遅い時は、母と兄、私の三人で夕食をすませ、朝は家族そろって食卓に着き、「おはようございます」といって、いただきました。父は、それが家族としての絶対的な義務である、と考えていたようです。

どこにでもある日本の食卓の風景ではありますが、そんな毎日の習慣が知らず知らずのうちに家族の絆を深めていたと思います。

こうした、人と一緒に食事を囲む楽しさや安心感を知っているからこそ、私はトモ食い作戦を思いついたのでしょう。

父はハイカラな人で、食事に関しては、「子どもには栄養をつけさせなければならない」という子ども第一主義を貫いていました。昭和一〇年代ですから、大正デモクラシーのリベラルな考え方が残っていたのでしょう。戦時色が濃くなり、食料品が不足するようになるまでは、子どもの朝食には必ず、卵と牛乳がついていました。卵は、目玉焼き、半熟のゆで卵、いり卵と、日替わりでした。

八八歳になった頃、私は自宅の階段で足を滑らせ、腰や腕を打って、それはそれは痛い思いをしました。幸いなことに、打撲とすり傷だけで、骨折はしませんでした。骨密度を調べてみると、同年代の人の一・五倍もありました。いま、私の体をかろうじて支えているのは、どうやら子どもの頃に身につけた、タンパク質やカルシウムをしっかり摂る食生活が、無意識のうちに継続できていたおかげだったようです。

定年を機に、食・家事・家計の見直しをする

夫婦で決めておきたい家事の分担、食生活のこと

この章の初めに、「妻は八〇歳になったら調理定年宣言をしよう」という話をしました。しかし、夫婦で暮らしている場合、これまでの食事の習慣を急に変え、外食の回数を増やしたり、宅配食を頼んだりすることは、難しい面もあります。

専業主婦だった妻なら、夫が定年退職するまでも退職後も、毎日の食事作りを

ほぼ一人で担ってきたでしょう。共働き夫婦でも、夫がいくぶん家事の分担をしていたとしても、家に帰れば妻が作った晩ご飯ができているのが日常の風景だったと思います。

どちらにせよ、六五歳で定年退職したとして、そこから十数年間、妻が主に調理を担い続け、くたびれ果てることに変わりありません。

では、どうすればいいのか。

私は、夫もしくは妻の定年を機に、これからの食生活をどうするのか、話し合っておく必要があると思っています。

ある共働き夫婦の話ですが、現役時代はけっこう家事をしていた夫が、妻が定年退職をしたとたん、「いままで僕はずいぶん家事をやってきたから、これからは君に任せるよ」といったとか。

妻は驚いて、「これまで二人で働きながら協力して生活してきたのだから、これからも二人で分かち合って生きるべきではないか」と反論したそうです。すると夫のほうも、「定年後も協力してやっていくのがいい」と思い直し、話し合った結果、改めて家事の分担の決まりを作ったといいます。

専業主婦であっても、十数年先の調理定年に備えて、家事の分担や食生活をどうするか、しっかり話し合っておくことが大事です。家事の分担といっても、老夫婦二人の生活ですから、そんなに大変なことはありません。掃除も簡単でいいし、食事にしても、惣菜を買ってきたり、レトルト食品を活用したりすればいいのですから。

家計の収支はオープンにして二人で管理する

定年を機に話し合うべきことは、ほかにもあります。最も重要なのがお金のこと。家計の収支をどう管理していくかです。

定年後、再就職する人もいますが、多くは年金受給者になります。そして、妻も年金受給年齢に達していれば、専業主婦であっても、夫の年金と別に妻の年金が支給されます。


私は長く、新聞紙面で身の上相談を担当してきましたが、最近、増えているのは「夫が定年後、お金を渡してくれない。専業主婦の『私』のわずかな国民年金だけで、生活費をすべてまかなえというので困っている」というような相談です。

忙しくて、夫婦で話し合う機会がなかったのかもしれませんが、家のなかを見回すと、冷蔵庫やエアコンなどの耐久消費財が故障するなど、買い替えの時期を迎えているものもあるでしょう。葬祭費を含む交際費も増えてくるし、医療費もかかります。少しは自分のお小遣いだってほしいのに、いちいち夫に申し出てお金をもらうのはめんどうです。

夫の年金は、夫の口座に振り込まれますが、長年夫を支えてきた専業主婦の妻にも受け取る権利があると思います。新聞に寄せられたある相談には、「これは虐待ではないでしょうか？」と書いてありましたが、私もそれに近いと思います。

こうしたトラブルを防ぐには、やはり、家事の分担と合わせて、家計のことを話し合っておくことが絶対に必要です。家計の収支をオープンにすれば、貯蓄の額や生命保険のことも夫婦で共有できて、老後の生活設計に見通しがつくでしょう。夫婦間の風通しをよくしておくことが、安心につながります。

夫婦の生活を長く続けるには、お互いに努力するしかない

三〇歳で結婚して、六五歳で定年退職したとすれば、結婚生活三五年。夫婦とも九〇歳まで生きるとして、定年後から二五年も夫婦での生活が続きます。これまでの三五年間には、子どもが生まれたり、家を買ったり、やれ子どもの受験だ、

結婚だのと、息つく暇もなかったでしょう。しかし、これからの二十数年は、主に夫とだけ向き合って過ごさなければなりません。

弁護士をしている友人に聞いたのですが、仲が悪くなった熟年夫婦が、なんとか離婚を回避しようという時、弁護士立ち会いのもとに話し合い、「結婚の継続協議書」というのを作成する方法をすすめているそうです。お互いに、「こうしてくれれば歩み寄れる」という条件を出し合い、努力して結婚生活を続けようというわけです。

高齢になってからの離婚はおすすめできません。よほどの金持ちでない限り、離婚すれば少ない額の年金を二人で分けることになります。結果、貧乏な年寄りが二人増えるだけ。老後を幸せに送りたいのなら、夫婦で一緒に考え、一緒に悩む「共同・協働」の姿勢が大事なのではないでしょうか。

何もしない老夫を動かし、気持ちよく暮らす

夫にやってあげる前に、ちょっと手を止めてみる

私が尊敬してやまない先輩であり、「男女雇用機会均等法」の生みの親である赤松良子さんは、世相を斬るのに比喩を用いるのがお得意でした。そのなかで私が最も感心したのは、「近代的な超高層ビルのなかに、いまだ家父長制が居座っている」という喩えです。

戦後、高度成長を成し遂げてきた日本において、経済界のお偉方や、政府や役所の幹部たちが家父長意識をいまだに引きずっていると、当時、嘆いておられました。

困ったことに、高齢期夫婦の家庭でも、家父長意識はしっかりと根を張っていて、なかなか抜けません。

そういえば、まだ六〇代だというのに、掃除洗濯は妻の仕事とばかりに、暇なくせにソファに寝っ転がって何もしない夫も多いとか。そんな人が七〇代、八〇代ともなれば、テレビや新聞とにらめっこしているばかりで、化石のように動かなくなるでしょう。

「三語主義」という言葉がはやったことがありました。妻にかける言葉といえば、「飯、風呂、寝る」の三語だけ。「もう少し頼みようがあるのでは？」と思っても、「こっちだって疲れているのに」と心のなかでつぶやいても、いい返すのがめんどうくさくて、「はいはい」と応じてしまう妻の様子が目に浮かびます。

確かに、夫に反論してもめるより、自分でさっさとやったほうが早いし、波風立たずにすむ、という考え方にも一理あります。しかしながら、そういった妻の「ことなかれ主義」が、夫の三語主義を温存してきたのかもしれません。「主義」を改めようとしなかった、妻のほうにも責任の一端があるのです。やってあげる前に、「待てよ」と立ち止まる習慣を身につけていきましょう。

がまんしてばかりでは、ヨタヘロ期がつらくなる

男女とも平均寿命が延び、長寿時代を迎えたいま、夫の定年からの二〇年、人によっては三〇年余りを、妻は夫に対する不満をいだきながら、がまんを強いられながら生きるのは、大変つらいものがあります。

なぜなら妻もヨタヘロになるからです。

嫌な思いをしたくないからと、その時は黙っていることを選んだとしても、それが度重なれば、自分の体と心に負担がかかり、次第に重くなってきます。負担を軽くするために、いいたいことをいうのか、軋轢《あつれき》を避けるために多少の不満はがまんしてやり過ごすのか……。そこは計算のしようです。

これは妻自身の問題ですから、判断も妻にお任せしますが、「自分の体と心を大事にしたい」と思うのなら、「仕事を辞めてほっとしているのはわかるけど、私だけに家事を押しつけないでほしい」と、言葉に出す必要があります。反論されたり、嫌な顔をされたりするでしょうが、そこは覚悟して、闘わなければなりません。

「何年もいわないですませてきたから、いまさらいえない」という気持ちはよくわかりますが、「この先をどう暮らすか」が大事です。老後は長いのです。これから先ずっと、釈然としないまま耐えるのがつらいと思うのであれば、夫の意識を変えるしかありません。そのためには闘いましょう。

このような妻と夫の「噛み合わなさ」は、いまに始まったことではありません。私が思うに、昔の高齢妻は、夫が亡くなって寂しいと思う間もなく後を追うように亡くなっていたので、あまり目立たなかっただけで、家庭における夫の怠慢に対する妻の不満は、かなり溜まっていたのではないでしょうか。

「口に出す」ことから、夫婦関係を仕切り直す

そもそも日本の妻たちは、「私ががまんしていればいいんだわ」とばかり、文句をいわない人が多過ぎます。六〇代のうちはまだ元気ですから、がまんもきくでしょう。七〇代でも健康に恵まれていれば、なんとかなりますが、体調を崩したり、病気になることも増えてくるでしょう。妻がそうなれば、何もしない、何も

できない夫はたちまち立ち往生してしまいます。

健康であっても、夫への愛情とか感謝だけでは、長い老後人生を二人で過ごすのは、なかなか難しいのです。

ただし、夫のほうも、これまで社会の荒波にもまれながら、汗をかきながら大変な仕事をこなしてきたわけですから、がまんすることも多かったことでしょう。そのことに対しては、ありがたいと素直に感謝し、「お疲れさまでした」と慰労してあげたいものです。


その上で、まずは、思ったことは黙っていないで、口に出すことから始めてはいかがでしょう。闘うといっても簡単なことでいいのです。

「たばこ、買ってきて」といわれたら、「自分で行ってみたらどうですか？　運動にもなりますよ」とか。お風呂が沸いていなかったら、「お好みの温度に設定して沸かしてくれませんか」などと。少しずつ、自分のことは自分でやるように仕向けましょう。

まあ、大きな子どもだと思って、時にはおだて、やさしく見守ってください。夫のほうは、妻のいい分に耳を傾け、苦虫をかみ潰したような顔ではなく、にこにこと笑って、できることはがんばってやりましょう。

これをひと言でいうなら、「夫婦関係の仕切り直し」です。


これからの長い時間を共有していくのであれば、妻も夫も、その間に果たすべき家庭内での役割には、なんとなくでも気づいたほうがいいのです。そして、お互いに体を鍛え、健康に気をつけて、できれば話し合いのできる夫婦になって、老年期を楽しく暮らしてほしいと思います。

スマホやパソコンを味方につければ、暮らしが広がる

スマホなどの情報機器は高齢世代にも浸透している

二〇二〇年からのコロナ禍の最中、私は多くの方からいろいろな手紙をいただきました。そのなかで、「右手の指が痛くて筆記用具がもてなくなったので、一週間に一回くらいお電話してもいいですか？」という方がいました。そうかと思うと、ある方に用事があって電話をしたら、「この頃、耳が悪くなったので、お手紙

をいただけるとありがたいのですが」といわれたり……。
人間も自然界の生き物ですから、加齢による身体的な能力の低下、劣化は避けようがないのです。ただ、その不具合の現れ方は人によって違い、さらに、年齢を重ねるほど多様になってくるのだと、この頃痛感しています。

そして、はたと考えました。
高齢者こそスマートフォン（以下、スマホ）やタブレット、パソコンなどのデジタル通信機器を使えるようにするべきなのではないかと。耳が聞こえにくくても、それらでメールを送れば文字を「書く」「読む」ことでやりとりができます。それぞれのカメラを使ったビデオ通話にすれば、文字を打つ必要もありません。お互いの顔をみて会話を楽しむことも可能なのです。

私が理事長を務めていた頃、「高齢社会をよくする女性の会」で、高齢者の情報通信技術に関する調査（二〇二一年）を行いました。六五歳以上の人のスマホ利用率は、六五～六九歳で約八割、八五歳以上でも約四割と、思いのほか高いものでした。そして、固定電話やファックスなどを含む通信機器のうち、使用頻度が最も高いのもスマホでした。しかし「使用している通信機器で使いにくいもの」のトップにあげられたのもスマホ。次がパソコンでした。どちらも、「十分に使いこなせていない」というのが実情でしょうか。

二〇二三年に実施された内閣府の調査［注1］をみると、高齢者のスマホやタブレットの利用率は、六〇代で約八割、七〇代以上で約五割と、前述の調査とほぼ同じ割合。今後高齢者となってくる五〇代、四〇代は九割以上が利用しているとの結果が出ています。この数値だけをみると、スマホやタブレットは日々の暮らしに浸透した情報機器といえるでしょう。

また、スマホやタブレットを利用していないと回答した人は、六〇代で二割弱、七〇代以上で約半数。その理由をみると、「どのように使えばよいかわからないから」が五～六割、「必要があれば家族に任せればよいと思っているから」が四割程度でした。

そうなのです。これらを使いこなすのは至難の業。かくいう私も、スマホやパソコンの操作は複雑過ぎて苦手な分野。周りの人に頼ってなんとか使えている状態です。もちろん自分で使えたほうが便利だとは思うものの、乗り越えるべき壁は高いといわざるを得ません。

苦手意識は仕方がない。使いたい方法だけわかればいい

女性はメカニズムに弱いといわれますが、これはある程度は仕方のないことです。なぜなら中学校で履修する技術・家庭科は、以前は、男子は技術科、女子は

家庭科と分かれていて、女子は技術科にある電気や機械について学ぶ機会がなかったからです。現在は、男女ともに同じカリキュラムを履修し、技術分野には「情報に関する技術」が設けられています。

つまり、高齢女性は、義務教育の段階でデジタル的なものから遠ざけられていた、といっても過言ではありません。

わからないのであれば、周りに頼ってよいし、すべての操作を理解し覚える必要もないと思うのです。自分が使いたいことだけわかればいいのです。

では、どのように使えると便利なのでしょうか。生命保険会社やモバイル通信会社が二〇二三年にリリースした調査データをみると、すでに使っている人のスマホを中心とした情報機器の使い方は、どちらの調査でも「情報検索」「メール」などが多く、ついで「災害情報」「天気予報」「ニュース」と続いていました。新聞やテレビでも得られる情報ですが、これらが何を意味するかというと、自分がほしい最新情報だけを得ることができ、人とつながるためにもスマホなどの情報機器は便利だということ。自分が使いたい操作方法だけ覚えることなら、できる気がしてきます。

スマホでグループ交流がスムーズに

感心した出来事がありました。「高齢社会をよくする女性の会」の会員でグリーフケアの勉強会をしている数十人のグループが、たまたま全員スマホをもっていたので、情報を共有するためにオンライン化することに。一斉メールや全員での会議ができるようにしたというのです。

それまで一人ひとりに個別で送っていたメールが一回で全員に送れるようになり、それぞれ別の場所にいても、スマホのカメラを活用して、皆の顔やその表情をみながら話ができるので、意思疎通がスムーズになったそうです。実際に最初に届いた情報をみた時の喜びはひとしおだったとか。

やる気があって、誰か教えてくれる人がいれば、デジタル機器によって仲間とより快適なコミュニケーションを図ることができるのです。使えるようになってみればこんなに便利なものはありません。

これからの暮らしに必要な情報もデジタル通信で

コロナ禍の時、外の世界との交流やコミュニケーションが「ある人」と「ない人」とでは、心の弱り方が違っていたと指摘されています。だからこそ国は、高齢人口の多数を占める高齢女性に照準を合わせた、誰も取り残されないデジタル政策を実施してほしい。そう考えて、「高齢社会をよくする女性の会」では、「中高年女性からデジタル行政への要望書」を作成。二〇二二年三月に、デジタル庁、総務省、厚生労働省、内閣府男女共同参画局に提出しました。

その前には、同会でオンライン併用の勉強会を開き、全国大会でも高齢者とデジタル問題の分科会を設けました。そこでは、八一歳でスマホのアプリを開発した世界最高齢のプログラマー、若宮正子さんに講演をしていただきました。

その若宮さんがいわれたのは「情報は人権です」という言葉。情報があれば、国民の権利として国や自治体のさまざまなサービスを知り、使うことができます。ならば、私たちはある程度のデジタルスキルを身につけ、積極的に情報を取りにいかなくてはなりません。

周りを見渡して、スマホやパソコンを使える人を探して頼ってみる、自治体の広報紙でパソコンやスマホの初心者向け講座の参加者募集の記事をみつけたら勇気をもって参加してみる、若い友だちを作りさらに便利な使い方を教えてもらうなどして、デジタルスキルを磨いてみてはいかがでしょうか。

注1　内閣府『「情報通信機器の利活用に関する世論調査」の概要』2023

スマホを人との交流や趣味を深めるツールに

スマホを使いこなせると便利で楽しい、とわかっていても、「電話とメールくらいしか使っていないわ」という人も多いのではないでしょうか。そんな方におすすめの使い方をいくつか取り上げてみました。

①通信アプリでグループや家族間の交流がスムーズに

LINEなどのSNS〔＊1〕を使うと、無料で、会話やビデオ通話、文字でのやり取りができます。

一対一だけではなく、複数人が同時に会話やビデオ通話ができるので、それぞれ違う場所にいながら趣味や勉強会の仲間数人で相談や報告などの会議ができたり、離れた場所にいる家族の顔をみたりしながら話せます。一人で住む親が心配な子世代にとっては、安否確認にもなります。

②文字・音声で調べものができる

パソコンと同じように、ウェブ上にあるたくさんの情報のなかから、知りたいことを調べることができます。例えば東京駅付近のゆっくりできる喫茶店を知りたい時に「東京駅　喫茶店　ゆっくり」と文字を打って検索すると、具体的な候補が表示されます。マイク機能を使えば、調べたい言葉を話すだけで、検索してくれます。

③カメラ・翻訳機能などで知りたいことがわかる

カメラも知りたいことを探すのに役立ちます。

これは画像検索という機能なのですが、例えば、散歩の途中にみかけた花が何か知りたくなった時にその花をカメラで撮って、検索すると、それに似た写真がいくつも表示され、花の名前にたどりつくことができます。英語などの意味がわからない時も、その部分をカメラで撮って「翻訳」を選択すると、日本語が表示されます。

とりあえず指を動かして慣れることから始めましょう。一つでも使ってみたい機能があれば、いろいろ試してみてください。次々にやれることが増えていき、できることが増えれば楽しいし、人とのコミュニケーションも広がっていきます。

＊1　ＳＮＳ：ＳＮＳとはソーシャルネットワーキングサービスの略称。写真・動画・音声・テキストなどを通じて、さまざまな人々と交流できるサービスのことで、ＬＩＮＥもＳＮＳの一つ。

第3章

健康管理・危機管理は人の手も借りて万全に

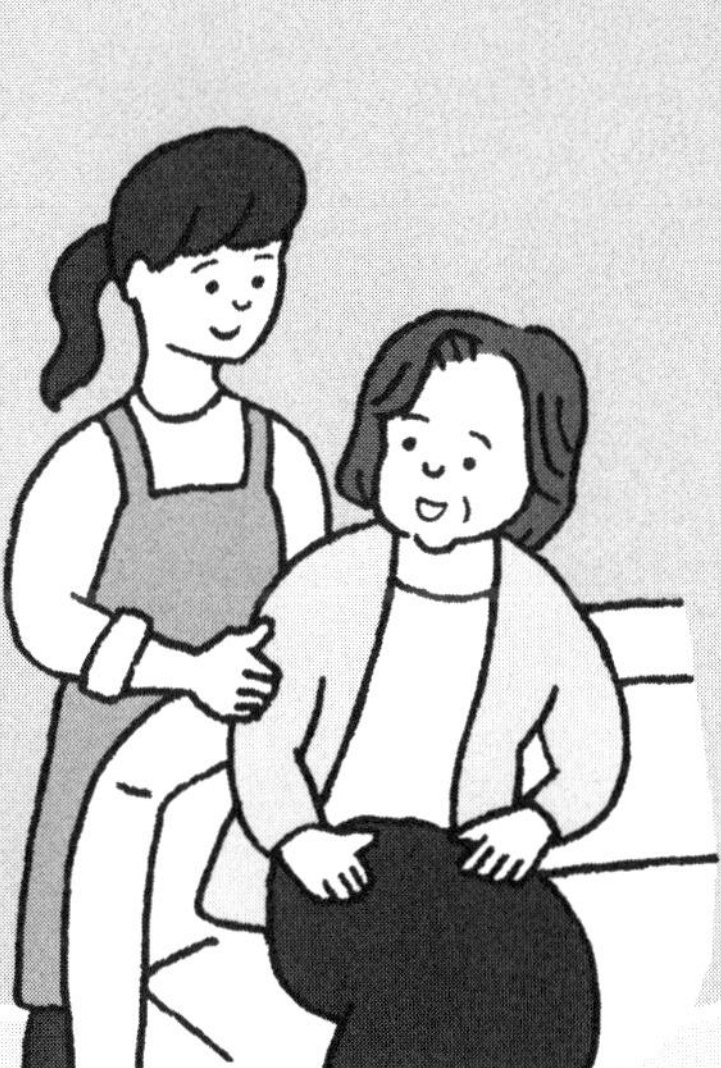

自分の体を粗末にせずに、よく生きるための検診を

年だからとあきらめないで、最良の選択をする

二〇二二年の四月、私は卒寿を目前に控え、乳がんの手術を受けました。高齢ですから、全身麻酔をかけての手術ができるかどうかを判断するために、心臓のほか、いろいろな臓器を調べましたが、それにとても時間がかかりました。ここ二〇年の間に、食道炎を患ったり、大動脈瘤を切除したり、けっこう大きな病気

をしているので、医師も慎重にならざるを得なかったからです。

手術を決断する前には、ホルモン剤の服用でがんを小さくするという方法を試したのですが、効果は期待したほどではありませんでした。高齢になってからのがんは、一般的にはゆっくりと進行するので、ホルモン剤で抑えながら寿命がくるのを待つ、という選択肢もありました。しかしその場合は、急にがんが大きくなるリスクが伴い、その不安はぬぐいきれません。乳がんの末期患者の療養はホスピスなどが担っていますが、まだ十分とはいえないようです。

いくら老い先が短くても、こうしたことを踏まえて、手術の決断に至ったというわけです。幸い、術後の経過はとてもよく、いまではすっかり回復しましたが、半年に一度の検診は、しっかり受けています。

私が胸のしこりをみつけたのは、偶然でした。浴室にある鏡に映るわが姿をみて、「左の乳房がちょっと大きい」感じがして、娘を呼んで触ってもらうと、確かにしこりがあるというのです。

思い起こせば、コロナ禍をいいわけにして、検診に行くのをさぼっていました。私の歳になれば、どんな病気になってもしかたのないこと。「もう歳に不足はない」という一種の充足感というか、あきらめがあったのです。

しかし、手術をすればまた元気に生きられるとわかったいまは、声を大にして「もう歳だからといって検診をさぼらないで！」といいたいのです。高齢にあぐらをかいていたら、助かる命も助かりません。自分の体は、責任をもって最期まで自分でケアしてあげたいものです。そのための対策の一つが、がんなどの定期検診なのです。

気軽に相談できる医師を、なるべく近所で探しておく

もう一つの対策が「かかりつけ医」をもつことです。かかりつけ医の定義をか

いつまんでいうと、「健康に関することを何でも相談できるうえ、必要な時には専門医、専門医療機関を紹介してくれる、身近で頼れる医師」となります。

ちょっと具合が悪いという時に、気軽に受診できて、問題がありそうだったら精密検査のできる大きな病院につないでくれる……。となれば、確かに頼りになりそうです。ただし、最後に動けなくなった時、そうしたかかりつけ医が往診をして看取りまでしてくれる医師とは限りません。そのあたりの規定が曖昧なのです。

日本医師会と四病院団体協議会［注1］が二〇一三年に出した提言には、「かかりつけ医は地域の高齢者が少しでも長く地域で生活できるように在宅医療を推進する」「今後は『かかりつけ医』がより主体的に在宅医療に取り組んでいく必要がある」という文言が入っています。また、診療報酬の見直しについて協議する中医協（中央社会保険医療協議会）では、二〇二一年一〇月、かかりつけ医が初診時加算を受け取る場合は、「往診または訪問診療可能な体制および実績があること」などの条件を定めました。二〇二四年の改定でもその条件はかわりません。

これらのことから考えると、かかりつけ医は「在宅医療に取り組み、往診をする医師」ということになります。

一方、日本医師会の意識調査［注2］によると、五六・九％の人が、かかりつけ医が「いる」と答えており、六〇～六九歳で六六・八％、七〇歳以上では八一・九％と、高齢になるほどその割合は高くなっています。その医師をかかりつけ医とする理由は六五歳以上では「病気の主治医」「住まいの近所だから」「身近でなんでも相談できる」と続きます。この場合は、「往診や看取りはしてくれないけれど、頻繁に受診していて、自分の既往症や体の状態を把握し、気軽に相談にのってくれる医師」のことを指していると思われます。さらに、同調査でかかりつけ医が「いない」と答えた人は四二・三％。そのうちの一五・七％は「（主治医は）いないがいるとよいと思う」と答えています。

結論としては、厳密な意味での「かかりつけ医」でなくても、気軽に相談できる医師を、なるべく自宅に近いところで探しておくのがいい、ということです。いくら健康状態が良好でも、病気になることはあります。自信をもち過ぎず、具合が悪いのをがまんしたり、高齢だからと放置したりせず、専門医とよく相談しながら、最後は自分で、「この先どう生きるか」という決断をしてほしいと思います。

注1　四病院団体協議会：一般社団法人 日本病院会、公益社団法人 日本精神科病院協会、一般社団法人 日本医療法人協会、公益社団法人 全日本病院協会で構成。

注2　日本医師会総合政策研究機構「第８回 日本の医療に関する意識調査」２０２４

高齢になったら、安否確認と地域の助け合いが必要

家のなかでの転倒は、大変なことになり兼ねない

誰しも「高齢になっても元気なうちは自宅で過ごしたい」と思うものです。しかし問題は、自分では普通に動けるつもりでも、体はガタがきているということ。一人暮らしの場合は、それが大きなリスクになります。

私も家のなかで、ちょっとしたはずみで転ぶことが多くなりました。九〇歳を過ぎた頃に、段差が一〇センチくらいしかない玄関の床からたたきに転落して、顔面を強打したのです。赤、青、紫のあざができ、しばらくしたら黄色に変わり、まるで「五色のお岩さん」のようでした。

幸いなことに、その時は気絶しなかったので、よろけながらお隣に行って助けを求め、電話をして連絡のついた人には来てもらいました。お隣さんには「何かあった時はよろしくお願いします」といって、改めて緊急連絡先をお渡ししておきました。

また、その数年前には階段から転げ落ち、体のあちこちを打撲する事件がありました。幸いにもその日、たまたま娘が家にいたので、「助けてくれ～」と叫んで起こしてもらい、なんとかなりましたが……。医師である娘は、私の体の状態をみて傷口を消毒し、「一日静かにしているんですね」といい残し、出勤してしまいました。

家のなかで転落した時、這い上がるだけの余力が残っていればいいのですが、もし気絶したらどうなるでしょう。なかなか発見されず、救急車が来るのも遅くなります。へたをすれば、頭に何かが落ちてきて死んでしまうかもしれません。そうなったら事故死です。事故死の場合は、死亡診断書はすぐには書いてもらえません。ではどうなるのか。家族は、監察医務院で検死解剖が行われるのを待ち、死体検案書を書いてもらって、ようやく荼毘《だび》に付《ふ》すことができるのです。怖い話をしましたが、「高齢社会白書」によると、六五歳以上の自宅での孤独死が増加傾向にあるのは事実。事故死でなくても自宅で死ぬと、定期的に診察してくれている医師が死亡診断書を書いてくれない限りは、死因を特定するための検死が行われます。子どもや家族、周りの人たちに大迷惑をかけることになるのです。

何がいいたいのかというと、ある程度の年齢になったら、つねに安否確認をしてもらえる体制を整えておく必要があるということ。脳梗塞などで急に倒れても、発見が早ければ病院に搬送されて、一命を取りとめることができるかもしれないからです。

頼りにしたいご近所さんと地域との結びつき

安否確認の第一歩はご近所さんです。この頃は、近所づき合いがだんだんなくなりつつありますが、お隣同士、「おはよう」「元気?」などと声をかけ合っているだけでも、普段と変わったことがあれば気づくことができ、「孤独死」を防ぐ手立てになるでしょう。

ご近所から少し範囲を広げてみれば、地域にも助け合いの仕組みがあります。私は、シルバー人材センターに週に二回の食事作りを頼んでいますが、こうした地域の労働力を活用することも、地域での結びつきを深めます。「遠くの親戚より近くの他人」とは、よくいったもの。家族のいない高齢者は、地域の助け合いがなければ生きていけないのです。

行政のほうでも、介護保険などの高齢者の暮らしの相談窓口である地域包括支援センターを地域ごとに設置し、生活支援コーディネーター［注1］を配置するなど、それなりに対策を立てています。しかし、危機管理という点ではまだまだ十分ではない気がします。

SOSを発信できる手立てを考えておくことが危機管理に

厚生労働省の調査によると、地域の人々が「お互いに助け合っている」と思う人の割合は、六〇～六九歳で四八・八％、七五歳以上で五九・五％。年齢が高くなるほど、「思う」と回答した人の割合は高くなっています［注2］。

助け合うためには、地域の人との結びつきが必要です。生活協同組合など社会活動のグループに入って、仲間とのつながりをもつことも、自分を守ることになるのではないでしょうか。

もちろん、セキュリティ会社と契約して、何かあったら駆けつけてもらえるようにしたり、IT機器システムを活用して離れて住む家族に知らせが行くようにするなど、個人的な努力も必要でしょう。そのうえで、地域との結びつきがあって、地域に自分の存在を気にかけてくれる人が何人かでもいることが大事です。


七〇歳を過ぎたら、いざという時にSOSをどうやって発信するのかを考えておくことも、老いの準備の一つです。そのトップにくるのは家族だと思いますが、もっと視野を広げて、二重三重にセーフティーネットを用意しておくと安心です。

その意味では、サービス付き高齢者向け住宅や住宅型の有料老人ホームなどに住み替えをすることも選択肢になり得ます。このような住まいは、見守りサービスがあって、ブザーを鳴らせばスタッフが来てくれるので心強いのです。

体が動かなくなったり、認知症が進んだりした場合には、また別の手立てを考える必要がありますが、最低でも安否確認をしてもらえると考えれば、見守りのある入居型の高齢者向け施設はメリットがあるのではないか、と考えているこの頃です。

注1　生活支援コーディネーター：地域支え合い推進員とも呼ばれ、地域で高齢者が元気に生活できるよう支え、地域内にある住民組織や関係団体との調整役を担う専門職。
注2　厚生労働省「令和元年 国民健康・栄養調査報告」２０２０

介護や病気に備えて、社会保障制度を勉強しておく

今後、身近なものになる介護保険と医療保険

私たちは国のさまざまな制度に従って税金や保険料を支払い、それによって守られています。制度や法律は時間の経過とともに見直されるので、知っていたつもりの情報が古くなっていることもあります。

実際、二〇二四年度は、医療・介護・障害福祉の三制度の報酬制度が六年ぶり

に同時改定。さまざまな法律の改正、制度変更も行われました。介護分野では、後期高齢者医療の保険料の見直しも。後期高齢者で所得の多い人は医療保険料の負担が増え、前期高齢者でも介護保険料が高くなる場合があります。税制改正も行われ、所得税・個人住民税の定額減税などが実施されることになりました。制度も法律も複雑で、ここではすべてを語るのは難しく、詳しく知りたい場合は厚生労働省のウエブサイト［注1］をみてみることをおすすめします。

このような介護保険や医療保険、公的年金などの知識がなければ、来たるべき「老い」に立ち向かうことはできません。これからの「人生一〇〇年時代」は、「高齢者」になってからの年月がとても長く、そこに国の社会保障制度、とりわけ社会保険（介護保険・医療保険・年金制度）が深くかかわっているのです［注2］。

ここは、はるか昔に受けた義務教育のように、半ば強制的に「勉強するシステム」を国に作ってほしいと思います。勉強することで、日本国民としての権利を正しく知り、十分に使いこなすことができる。そうして初めて、人間らしく長寿をまっとうすることができるのではないか。そう考えて、私はこれを「第二の義務教育」と名づけ、機会あるごとに提案しています。

特に学んでおいていただきたいのが、社会保険に属する介護保険と医療保険のこと。介護保険制度は、一九九七年に法案が可決され、二〇〇〇年より施行されました。介護保険の「介護の社会化」という考え方は、家庭のなかで介護を担っている、主に女性たちの負担を軽くするという意味合いもありました。介護保険を実施している国は、税金で行き届いた社会福祉が行われている北欧諸国を除き、ドイツ、オランダ、日本、韓国などです。

介護保険の給付が受けられるのは、六五歳以上の第一号被保険者が要支援や要介護状態になった場合と、四〇歳以上六五歳未満の第二号被保険者のうち特定疾病がある場合です。第一号被保険者のうち、要介護（要支援を含む）認定を受けている人は、全体ではそれほど多くないのですが、前期高齢者と後期高齢者の認定者数を比べてみると、後期ではぐっと増えています(図表2参照)。いまは元気でも高齢になればなるほど、介護が必要になる人が増えていくのです。

日本の医療保険制度も、世界に誇れるすぐれた制度です。国民皆保険制度といって、すべての国民が公的な医療保険制度に加入することで、医療費の窓口負担が二〜三割に抑えられる仕組みになっています。さらに七五歳になると、後期高齢者医療制度に移行し、一〜二割(所得が現役並みの人は三割)の窓口負担となります。

図表2 要介護等認定の状況

単位：千人、( ) 内は％

		要支援	要介護
前期高齢者	65〜74歳	237 (1.4)	516 (3.0)
後期高齢者	75〜84歳	767 (6.2)	1,488 (12.1)
	85歳以上	891 (13.9)	2,867 (44.9)

※ 第1号被保険者(65歳以上)の要介護等認定の状況
※ 資料：厚生労働省「介護保険事業状況報告(年報)」(令和3年度)より算出
※ ( ) 内は、各年齢層の被保険者に占める割合

出典＝内閣府「令和6年版高齢社会白書」2024 (https://www8.cao.go.jp/kourei/whitepaper/w-2024/zenbun/pdf/1s2s_02.pdf) より改変

知りたい情報は自分で調べて権利を行使しよう

介護保険も医療保険も、いわば助け合いの仕組みですから、自分が利用しなくても、毎月、保険料として支払わなくてはなりません。ご自身が、保険料をいくら払っているのか、把握していますか？　介護保険料は、六五歳以上のほとんどの人が年金から天引きされていることを知っていますか？　そういった仕組みを含めて、勉強しておく必要があるのです。

幸い、いまはインターネットという便利なものがあります。試しに「介護保険」と入力して検索してみましょう。介護保険制度がどういう理由で、どういった流れでできたのか、などがわかります。さらに調べていけば、自分が知りたい情報を得ることができます。直接、担当者と会って相談したいのなら、最寄りの地域包括支援センターを訪ねましょう。介護保険申請の手続きや高齢者の生活や医療についても相談にのってくれ、必要に応じて専門機関につないでくれます。

国や自治体任せにせず、自分のほうからも、必要な情報を取りに行くこと。高齢者の生活を支えるのは、まずは情報力、そして行動力、さらには受援力です。受援力とは周囲の人や団体、公的な支援を受ける力のこと。介護保険でいえば、介護サービスを受け入れ、使いこなすことです。

介護保険も医療保険も、みんなで考え、作り上げてきた共有財産なのですから、堂々と上手に使って、高齢期を健やかに過ごしたいものです。

注1　厚生労働省ウエブサイト「令和6年度からの後期高齢者医療の保険料について」（https://www.mhlw.go.jp/stf/seisakunitsuite/bunya/kenkou_iryou/iryouhoken/newpage_00009.html）

注2　厚生労働省ウエブサイト「社会保障とは何か」（https://www.mhlw.go.jp/stf/newpage_21479.html）

「大介護時代」は制度や地域の支えが柱に

介護保険制度が待ち望まれた背景にあったもの

介護保険制度がスタートしたのは、二〇〇〇年のこと。それ以前、一九七〇年代から一九八〇年代にかけて、私は仲間とともに、各地で介護に関する実態調査を行いました。まだまだ家父長制の考え方が生きていて、介護の担い手の多くは長男の嫁でした。介護と家事、子育てを一手に引き受けているのに、夫のきょうだいや親戚から文句をいわれ、評価されることはめったになかったのです。

このような理不尽な実態を知った私たちのみならず、介護問題は女性問題であることに気づいた人たちが「介護を社会で支えよう」と声をあげるようになり、介護保険制度の議論が高まっていきました。それでも世の人々の反応は、「どっちみち嫁が介護するのだから、月に数千円ほど現金を支給すればいい」といったものでした。

しかし、現実に目を向ければ、介護を担うはずの「嫁」の数は年々減り続けており、いずれ介護難民があふれ出すのは、明らかだったのです。加えていまや出生率は一・二〇［注1］です。


こうして介護は女だけ、特に嫁一人に押しつけてすませるという考えは改めざるを得なくなり、みんなで支え合う社会制度として介護保険制度が検討され、実施にいたったわけです。

高齢者の多くは、支えてくれる家族がいない

それでもこれまでは、介護を必要とする人が爆発的に増えるということはありませんでした。しかし、ご承知のように、二〇二五年には団塊世代のすべての人が後期高齢者となり、その五～一〇年後にはヨタヘロの人だらけになります。そのような多数の高齢者を、少数の現役世代で支えきれるのでしょうか。

一方、支える側の現状はといえば、一章（31ページ）でも触れましたが、結婚をしない独身率（未婚率）が男女ともに増え続けています。女性の就労率は高まり、結婚しなくても自分で働いて食べていける道が開けてきました。こうしたことは、「食べられないから結婚するというしばりから解放された」という意味では、喜ばしいことだと思いますが、別の問題が生じてきました。

独身率の増加に加え、子ども世帯と親世帯が同居する「ファミリー」は激減し、

高齢者の一人暮らし世帯と老夫婦世帯が増えて、家族の形が変化し「ファミレス時代」に入ったのです。

同居する子どもがいない、または遠く離れているとあれば、介護が必要となった時に頼れるのは、やはり介護保険制度など、地域の支えです。

要介護度の高い人でも安心できる仕組み作りを

介護保険制度は三年ごとに見直しをされ、二〇二四年の春にも改定されたばかりです。時代に合うように改定されていますが、すべての問題が解決できているわけではありません。後期高齢者の増加にともない、要介護度の高い人が多くなれば、介護の質を保てるようなシステムが必要でしょう。ところがいま、介護の現場で働く人手の不足が問題になっています。

訪問介護員（ホームヘルパー）や介護福祉士、ケアマネジャーなどの介護サービス職業従事者は、専門的な研修を修了したり、国家資格を取得したりしている介護の専門家です。そういう人には、きちんと労働に見合った報酬を払って、人員を確保してほしいと思います。国には財政問題という壁があるのでしょうが、そこは行政と私たち国民、みんなで考えていくべきことです。

出生率の低下、「ファミレス」の出現などによって家族の機能が失われつつあるいま、大介護時代がくることを覚悟し、地域社会のなかで家族に代わる仕組みを作る以外に道はありません。理想をいえば、人の最期を見送るまでの公的なシステムが地域のなかでできれば、終生穏やかに暮らせる気がします。

注1　厚生労働省「令和5年（2023）人口動態統計（確定数）の概況」2024

介護される時に備える「ケアされ上手」の心得

誰でもいつかは介護される人になる

私が六〇代の頃までは、中高年女性たちの間では「快く介護をしてもらうために、かわいいおばあちゃんになろう」という意見が多かったように思います。でも、年寄りは存在自体がかわいくないのですから、無理な話です。

それで私は、「堂々と憎まればあさんになってみせるわよ」などと啖呵を切っていたのが七〇代前半。後期高齢者になると、介護する人の技術も大事だけれど、それ以上に介護される人の態度が介護の要になる、と思うようになりました。

そのきっかけになったのが、一般の方の介護体験記を一冊の本にまとめた時のこと。数ある体験記のなかで、最も印象に残ったのは、「長女の家に引き取られて介護を受け、一〇二歳で亡くなった女性の話」で、長女の方が書かれたものでした。その高齢女性は、介護される者の心得ともいうべき信条を実践し、家族と介護スタッフに感謝し、機嫌よく過ごされたといいます。

その心得とは、①命令しない、②反対しない、③不足をいわない、④小言をいわない、⑤怒らない、の五つ。これなら介護する人も楽です。これを機に私は、「ケアされ上手」という言葉を使い始めました。

年老いて自分を律するのは難しいことですが、早いうちから、「いずれは自分が介護を受ける側になる」という心づもりだけはしておいたほうがよさそうです。人はいずれ、誰かの世話にならないと生きていけないのですから。

女性は、男性より寿命が長いぶん、一人老後を過ごす確率が高く、多くの場合、他人の手を借りることになります。男性はといえば、妻にめんどうをみてもらえばいいと思って安心している人が多いようですが、そうはいきません。妻のほうが先に病気になったり、認知症になることもあります。その場合もやはり、人の手が必要です。

周囲の人との関係を築き、「人の手」を借り慣れておく

「人の手」は家族とは限りません。介護保険制度ができたいま、ホームヘルパーなど介護のプロに頼ることも、当然の権利です。

主な介護者は誰かを調べたデータも「高齢社会白書」にあります（図表3参照）。それによると、要介護者の主な介護者は四五・九％が同居している人で、事業者に

よる介護は一五・七％と、別居の家族による介護一一・八％より高い割合です。主な介護者の性別をみると、男性より女性が多く六八・九％となっています。年齢でみると男女ともに六〇歳以上が多く、男性は七五・〇％、女性は七六・五％で、いわゆる「老老介護」のケースも相当数存在しています。これからは、さらに老老介護が増え、ホームヘルパーなど事業者による介護に頼る割合も増えていくと推察されます。

家のなかを他人に覗かれたくないという気持ちから、ホームヘルパーの家事援助などを拒否する人がいます。主婦業を完璧にこなしてきた人ほど、「自分流」の家事が否定されるような気がするのでしょう。でも、それでは介護をしてもらうことはできません。ケアされ上手の第一歩は、他人が家に入るのを嫌がらないことです。自身の気持ちに折り合いをつけながらも介護を受けているうちに、体が楽なことに気づき、慣れていくでしょう。それだけ体は思うように動かなくなるのです。実際、八〇代前後から歩行がゆっくりになり、小さな石にもつまずいた

図表 3　要介護者等からみた主な介護者の続柄

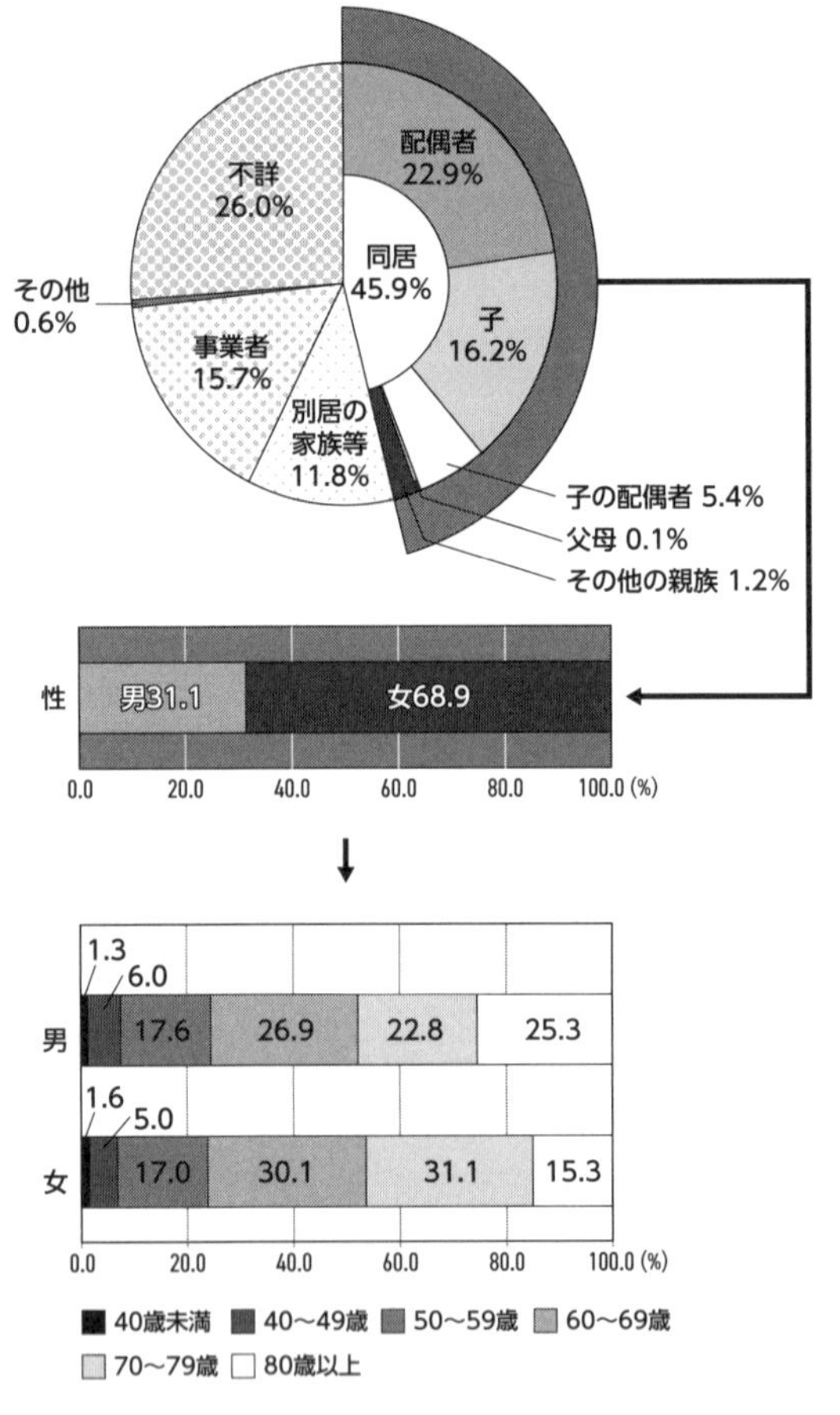

※ 資料：厚生労働省「国民生活基礎調査」（令和 4 年）
※ 2022（令和 4）年調査では、男の「同居の主な介護者」の年齢不詳はない。
※ 四捨五入の関係で、足し合わせても 100.0%にならない場合がある。

出典＝内閣府「令和 6 年版 高齢社会白書」2024 より改変（https://www8.cao.go.jp/kourei/whitepaper/w-2024/zenbun/pdf/1s2s_02.pdf）

りして、転ぶことが多くなります。九〇代になると、立っているだけでふらつい
て転ぶこともあります。私も玄関先で転倒し、なんとか歩いてお隣さんに助けを
求めて、事なきを得ました。まさに、遠くの親戚より近くの他人です。
自分の身の安全を担保するためにも、隣近所の世話になることを想定して、緊急連絡先リストを預かってもらうなど、協力をお願いしておきましょう。
周りに適当なご近所さんがいない場合は、社会福祉の観点から住民の相談にのってくれる地域の民生委員に連絡し、事情を話しておきます。元気なうちから身近なところによい関係を作っておくことも、ケアされ上手の一つです。

受け入れ、感謝する受援力を磨こう

高齢者といわれる年齢になれば、堂々と福祉の力を借りていいのです。以前にも話しましたが、その時必要なのは、情報力、行動力、受援力です（117ページ）。

介護保険制度を利用するにしても、地域包括支援センターに行って、自分の心身の状況をきちんと説明し、「お願いします」と素直にいえますか？　そして、センターの人に詳しく説明してもらったら、それを受け入れ、お礼を言うことができるでしょうか。これが援助を受ける力、すなわち受援力です。

また、訪問介護に来てもらったり、デイサービスに行く場合も受援力を発揮して、「お願いします」「ありがとうございます」をいえないといけません。もちろん、介護スタッフによってケアの上手下手はあるでしょうから、苦情をいうのはかまいません。その場合は、相手とコミュニケーションがとれるようないい方を考えるなど、ケアされる自分の能力を磨くことです。

まっとうに歳をとっていくためには、それ相応の努力がいることを肝に銘じて、ケアされ上手になりましょう。

認知症は対策と周りのやさしさを味方に

忘れっぽくなったら記憶を補う仕かけを

私は昭和七年生まれの九二歳ですが、最近の統計によれば、女性のおよそ半数（五〇・一％）が九〇歳の誕生日を迎えることができるそうです。ちなみに男性の九〇歳での生存率は二六・〇％と、三割を切っています［注1］。

一方、認知症がある人の割合を年代別に見たデータ［注2］では、男女ともに八〇代から急上昇し、九〇代まで長生きした女性の七割以上に認知症がありますし(図表4参照)。つまり、私が認知症の仲間入りをする確率は非常に高いのです。
歳をとるに従い、個人差はあるものの、誰の身にも老化現象が現れます。私にしても、七〇代後半からいくつもの大病を患いました。大動脈瘤ができた時には、おなかから瘤を三つも取り出し、ダメージは大きかったものの、なんとか生還しました。三年前には乳がんの手術をし、すっかり回復したとはいえ、体力の衰えは否めません。そんななかでも、優秀な助手に手伝ってもらいながら仕事を続けてこられて、いまも原稿の注文をいただけているのは、幸せのひと言に尽きます。

私は七〇歳で定年を迎えるまで大学の教員をしていました。講義をするクラスと内容は曜日によって変わるので、「今日は何曜日か」を間違うことはありませんでした。要は、曜日で動いていれば忘れなかったのです。しかし最近、今日が何曜日なのかわからない時があるのです。取材などの仕事がある時はしっかり認識していますが、用事がなければどうでもいいと思うのでしょう。

「曜日がわからない」を防止するためにおすすめしたいのが、カレンダーの活用です。例えば、月曜は体操に行く、お弁当が来るのは火曜と金曜など、曜日が決まっている用件を書き込んでおき、毎日確認するのです。わが家ではカレンダーを住まいの要所要所にかけてあり、どのカレンダーにも病院に行く日や来客の予定などを記入しています。つまり、カレンダーへの記録が記憶装置になっているのです。

周りの人に「今日は何曜日？　何をする日？」と聞いて、自分の予定を教えてもらうのも手です。たとえ認知症になったとしても、こうして記憶を補ってくれる味方を増やしておくことで、トラブルはかなりカバーできるはずです。

図表 4　年齢階級別の認知症有病率（一万人コホート）

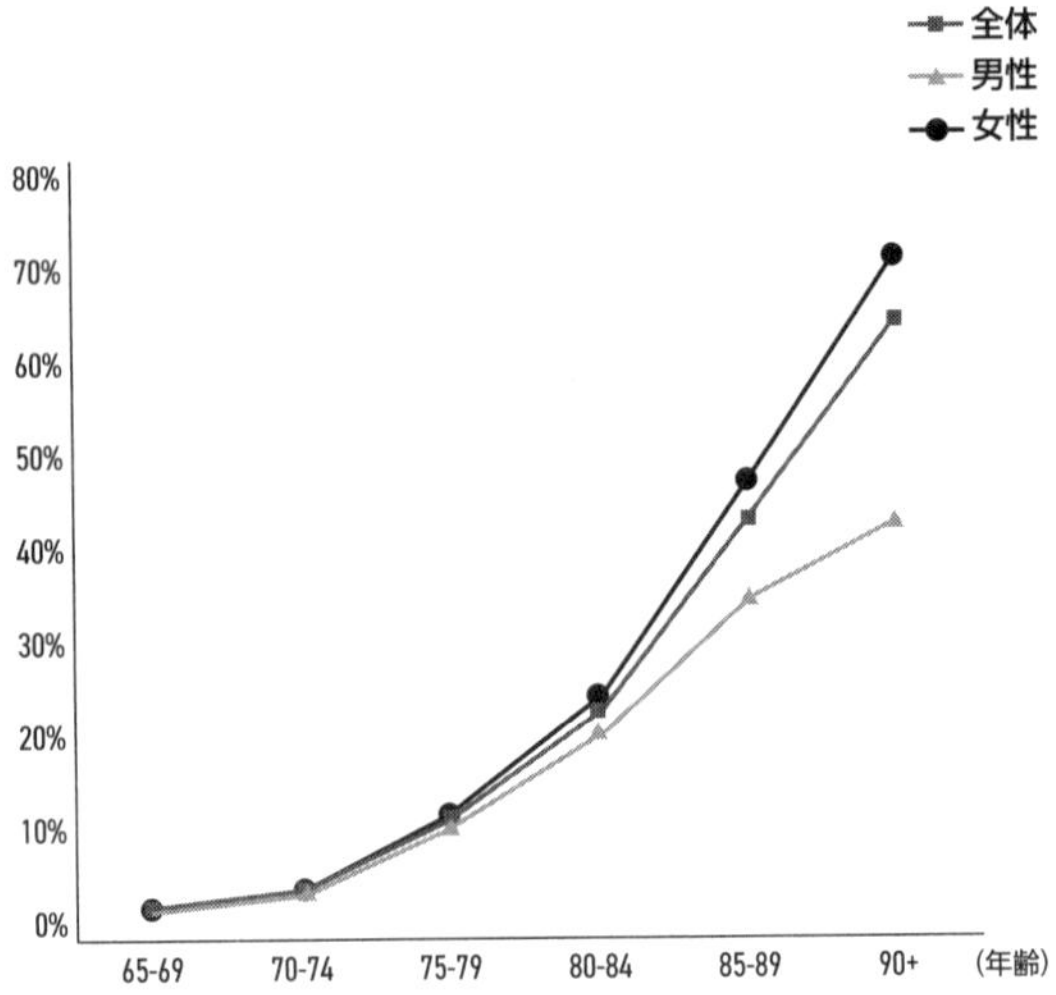

全体（%）	1.5	3.6	10.4	22.4	44.3	64.2
男性（%）	1.5	3.4	9.6	20.0	35.6	42.4
女性（%）	1.6	3.8	11.0	24.0	48.5	71.8

※ 高齢者の約 4 人に 1 人は認知症または軽度認知障害（MCI）（2012 年時点）約 7 人に 1 人は認知症（2018 年時点）。

※ 2012 年時点の推計は厚生労働科学研究費補助金 認知症対策総合研究事業「都市部における認知症有病率と認知症の生活機能障害への対応」平成 24 年度総合研究報告書による。2018 年時点の推計は日本医療研究開発機構 認知症研究開発事業「健康長寿社会の実現を目指した大規模認知症コホート研究（研究代表者二宮教授）」において開始時に悉皆調査を行った福岡県久山町、石川県中島町、愛媛県中山町のデータ解析の当初の結果である。

出典＝厚生労働省老健局「社会保障審議会介護保険部会（第 78 回）参考資料 2-1 認知症施策の総合的な推進について」2024（https://www.mhlw.go.jp/content/12300000/000519620.pdf）より改変

一人暮らしはがんばり過ぎず、人に頼る

問題は、近くに助けてくれる人がいない場合です。もはや、一人暮らしの高齢者は珍しくありません。高齢社会白書によると二〇二〇年には、六五歳以上の高齢者のなかで、一人暮らしの人が占める割合は、三七・一％（男性が一五・〇％、女性は二二・一％）にも上り、今後も増えていきます［注3］。認知症ともなれば、隣近所にお世話になる確率も高いので、ご近所の方に事情を話し、何かあったら子や親戚などに連絡してもらえるようにお願いしておきましょう。民間のセキュリティ会社の見守りサービス（安否確認、救急通報、駆けつけなど）を利用するのも一つの方法です。

認知症になること自体は、その人の人格とはまったく関係がありません。人間性を問われるのは、認知症を受け止める周囲の人ですから、本人は心を安らかに

して「お世話になります。末永くよろしく」とにっこり笑っていればいいのです。しかし、人によっては自分でなんとかしようとがんばり、失敗して子どもに怒られ、かっとなったり、落ち込んだり……。私の場合も、夜しか在宅しない娘に口うるさく注意され、けんかになることもしょっちゅうです。心の底では親の私を気遣うやさしさがあるのだとありがたく思いながらも、「明日は絶対にけんかに勝つぞ」と元気を奮い立たせています。

認知症が心配なら、早めの検査で対策を

認知症が疑われる場合は、早めに検査を受けて、診断してもらうことが大事だといわれます。ただし、検査結果に一喜一憂する必要はありません。「私は大丈夫」といい張るのも問題ですが、心配し過ぎるのもよくありません。試しにやってみるくらいの軽い気持ちで検査を受けてみて、自分がどの程度老化しているの

か客観的にわかれば、素直に、周りの人に助けを求める気にもなるでしょう。

では、身近に認知症の人がいた場合、どう接すればいいのでしょう。私の友人で認知症の症状が急速に進んだため、施設に入った人がいました。お見舞いに行くと、亡くなった旦那さまの写真が飾ってありましたが、もうその人が誰だかもわかりません。でも、私が会いに行けば喜んでくれます。この先、自分も進む道かもしれないと思うと、やさしい気持ちになれたものです。

認知症の友人、知人がいたら、ぜひ訪ねてみてください。ちぐはぐながらもやり取りするなかに、人生についてのさまざまな学びがあると思います。

注1 厚生労働省「令和5年簡易生命表の概況」2024
注2 厚生労働省老健局「社会保障審議会介護保険部会（第78回）参考資料2－1 認知症施策の総合的な推進について」2024
注3 内閣府「令和6年版 高齢社会白書」2024

第4章

自分の気持ちを大切にする人生の終い方

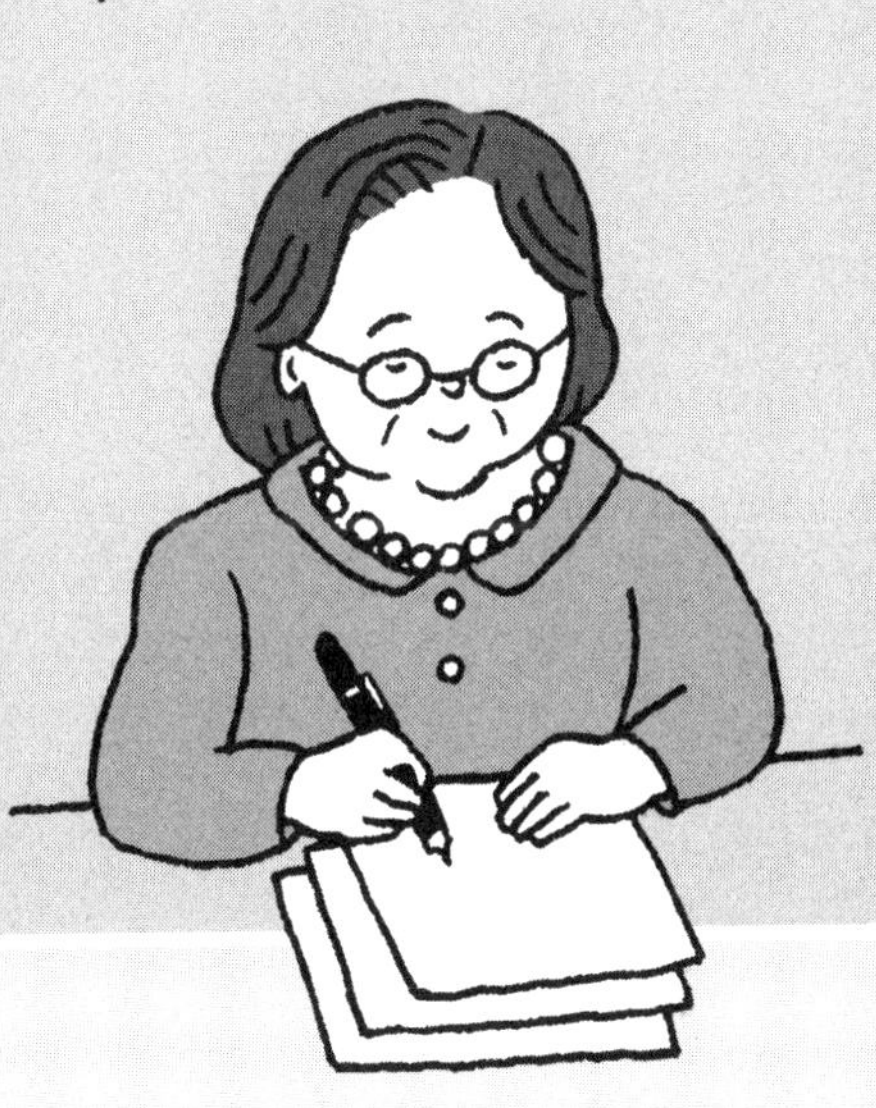

自分の命の終《しま》い方は、自分で決めておく

最期が近づいてからでは、意思表示は難しい

「いよいよ最期という時、自分の意思を人に伝えるのは至難の業」だと痛感したのは、二十数年前に二人めの夫を看取った時でした。

彼は生前、「プロダクティブ（生産的）でなくなったら生きていたくない」というのが口癖でしたから、延命治療についても自分の考えをもっていたと思います。

しかし、いざベッドに横たわり医療を受けていると、どうしても受け身になります。呼吸器をつけても「外して」とはいいませんでした。

ところが、胃ろうをつけようという話になった時のこと。医師からは「胃ろうをつけると、もう少し長い命が保証されます」と説明され、私はいったん納得して、同意書にハンコを押したのですが……。

何か心に引っかかるものがあったのでしょう。帰り際に看護師長さんに、「本当に胃ろうをつけてもいいのか、夫に聞いてみてくれますか」と頼みました。すると翌朝、その方から電話があり、「やっぱり、お嫌だそうです」とのこと。本人の意思を尊重して、胃ろうは取りやめることにしました。

そのことから、「判断力があるうちに、延命治療について意思表示をしておかなければ」と学び、名刺に「延命治療は辞退致します」と書いて［注1］、持ち歩くようにしました。

早く死にたいとは思わないけれど、延命のためだけの処置は嫌なのです。もちろん回復の可能性があれば治療してほしいし、苦しい痛みは取ってほしいのですが。その名刺を医師にみせて意見を聞くと、初めのうちは「医療の世界は別世界だから、患者が何かいっても通らないと思いますよ」などと、否定的なことをいわれました。しかし、治る見込みのない病状のまま苦しんでいる人に対して、延命治療を続けることの是非が議論されるようになり、いまでは、徐々に「患者本人の意思を尊重すべき」という考えが広がってきています。

家族や医療チームとも話し合いを重ねておく

国のほうでも、終末期医療についての取り組みが進められ、ACP（アドバンス・ケア・プランニング）を推奨してきました。これは、自分が希望する医療やケアについて、事前に家族や医療・ケアチームと話し合っておこうというもの。さらに現在では、ACPは「人生会議」という名前でも呼ばれるようになりました。確かに、命が危険な状態では、治療についての希望を伝えることなどできません。冷静に判断できるうちに考えておく必要があります。ACPそのものには異論はないのですが、「会議」といわれると大げさ過ぎて、少々腰が引けます。

そこで重要になるのが、自分の主体性です。どういった治療ならしてほしいのか、もしくは治療してほしくないのか。主治医に予測される症状を聞いたり、ケアスタッフに意見を求めたりして、現実に沿った希望をもたなければなりません。そして、もしもの時に、自分の思いをきちんと伝えてくれる信頼できる人を「会議」のメンバーに選ぶことです。

また、一度は「延命お断り」といっても、気が変わって、「やっぱり延命してほしい」と思うかもしれません。そういう事態にも対応できるようにしてほしいと思います。

振り返ってみると、私の少し先輩たちは、戦時中にあって否応なく死に直面させられていました。それに比べ、自分の死に方について考え、迷うことができるのは、なんと幸せなことでしょうか。

それは、平和が生んだ長寿の結果でもあるので、そういう時代に生まれたことに感謝しながら、自分の命の終い方を考えたほうがいいのではないでしょうか。医療は科学の分野ではありますが、哲学でも、文化でもあります。つまりは自分の生き方なのです。

注1　名刺の表には、「娘にも申しつけてあります」とあり、裏には、「私、回復不可能、意識不明の場合、苦痛除去以外の延命治療は辞退致します」と書いた。日付と名前を記入し、捺印も。外出時は持ち歩いている。

人生会議とは

厚生労働省では二〇一五年に、それまで行っていた終末期医療についての取り組みを「人生の最終段階における医療」とし、ACP（アドバンス・ケア・プランニング）と名づけました。さらに二〇一八年には「人生会議」という愛称がつきました。

この人生会議は、当事者本人と家族、医療・ケアチームなどが話し合いを重ね、本人が大切にしていることや、希望する医療・ケアが実現できるようにすることが目的です。最終的に、本人の意思が確認できなくなっても、それまでの記録をもとに、希望に沿う医療が提供されやすくなると期待されています。

はかどらない身辺整理は「委ね方」を考える

死後のことは人に任せ、生きている幸せを大切に

身辺整理は私の最も苦手な分野です。物の整理整頓がきちんとできるというのは、一つの美徳ですから、そういうことができる人をみると心から尊敬します。わが家を見回すと、どこもかしこも雑然としていてがっかりしますが、これは育った環境のせいだと半ばあきらめの境地です。

父親は学者でしたから本が山のようにあり、それなりには整理していましたが、追いついていない感じでした。母親は物を出せば出しっぱなしの人。どうやら両親に似てしまった私は、片づけるのがどうにもめんどうくさく感じてしまい、ガラクタに押しつぶされて死ぬ気でいました。

ところが八四歳の時に、四〇年も住んでいた家を建て替えることに。その時、ずいぶん物を捨てました。

捨てるかどうか悩み抜いたのは本と資料。評論家という仕事柄もあるし、男女共同参画審議会の委員をしていたので、資料は山のよう。でも、これがいつか役立つこともあるんですね。思いがけない会議のやり取りを発見することもありましたが、ここで多くの資料とは泣きの涙で別れました。本については、互いに切磋琢磨した評論家仲間の著書は捨てられません。そのうえ、学者で大学教授だった夫の本も膨大な量でした。幸い、夫の蔵書は後任の教授と大学院生が二年間かけて整理してくださり、大学の一角に残していただくことができました。

　こうして、どうにか半分くらいに減らした本や資料ですが、これ以上は捨てない、減らさないと心に誓っています。あとのことは、娘の裁量に任せるしかありません。業者に頼んできれいさっぱり処分してもらうのもいいし、少しだけ残しておいてくれてもいい。蔵書というものは、持ち主のさまざまな経験や思索のきっかけとなった一世一代のものですから、その人の一生とともに消滅してもいいと思っています。でも、生きている限りは、手元に置いておきたいのです。

　そのほかの物には、まったく執着がありません。母親がもたせてくれた着物一式は、最初の夫と死に別れて子どもを自分一人で育てなくてはならないとわかった時、デパートの中古品取扱所にもって行き、ゼロにしました。案の定、その後の生活は和服のおしゃれなどする暇もなく、洋装一本やりできました。ネックレスやブローチなどのアクセサリーは少々もっていますが、宝石や貴金属というほどの物はなく、これについては「形見分け委員会」というのを作り、生前にスタッフや親しい人に分配しようと思っています。つかみ取りでもくじ引きでもいいので、ご縁のある人たちが集まり何かしらもらっていただければ、思い残すことはありません。取り合いになったりしたら、それはそれで楽しそうです。

物との別れはつらい面があるけれど、死というものは、万人に公平に与えられた運命です。私たちは戦後の平和な世の中で、驚異的に伸びた平均寿命を当たり前のこととして受け入れ、約半数の女性が九〇歳を迎えられる［注1］という喜ばしき時代に生きています。ある程度の「死に支度」は必要でしょうが、生きているからおもしろいわけで、死んだあとのことでくよくよ悩むより、生きて在る幸せを享受したほうがいいに決まっています。

長年やってきたことは、あとにつなげる形を考える

ただ一つの懸案事項は、長く理事長を務めていたNPO法人「高齢社会をよく

する女性の会」のことでした。この会をどのように終結させるのか、はたまた、続けるとしたら誰にリーダーをやってもらえるのかを、決める必要がありました。そこで、役員たちといろいろ討議した結果、この度（二〇二四年六月）、私は理事長を退き、名誉理事長として、会の今後を見守ることにしました。会員の皆さんには、これまでの活動がむだにならないよう、どう発展させていけばよいのかを考えてもらおうと思っています。その一つの道標として、私の卒寿を記念して設けたのが「樋口恵子賞」です。これは私の身辺整理ともいうべきもの。私たちの会の活動が世の中に少しずつ根を張り、高齢社会をよくするために志をもって活動する人が増えてくれれば、うれしい限りです。

人にはそれぞれ、生きた証のような次世代に伝えたいものがあるはず。皆さんも、自分なりの「遺品」の形を考えてみてはいかがでしょうか。

注1　厚生労働省「令和5年簡易生命表の概況」2024

私の遺品の形「樋口恵子賞」について

老若男女ともどもの幸福な超高齢社会の創造と、これから生まれてくる生命の未来が輝く世界を目指して活動する個人、団体を、応募によって審査、表彰する「樋口恵子賞」を二〇二二年に創設。第一回は一二二件の応募があり、個人一名、二団体を受賞者に選出し、同年一二月に表彰式を行いました。賞金総額一三〇万円は私財から拠出していますす。翌年の第二回は、団体、個人の区分けを外し、四団体の表彰と賞金を贈呈。二〇二四年も八月に応募締め切りを設定し、この書籍が出る頃には受賞者が決まっていると思います。ただし、私個人の固有名詞を使った賞を長らく続けようとも思いませんでしたが、「樋口恵子賞」なんて固有名詞がしばらく福祉の世界をお騒がせするなんて嬉しいではありませんか。私は何よりも集団としてのこの世代の方の動向に注目しています。

この賞は私の志を未来に託すために、今後も続けていく予定です。高齢者、とりわけ高齢女性が、経済的にも精神的にも自立し、生きがいをもって社会に参加し続けられるような超高齢社会を創りだすために活動している個人または団体であれば、年齢や性別は問いません。女性の新しい可能性やジェンダーなどの活動に取り組んでいる方の発掘にも力を入れています。

しかしながら、志の低い私のような人間が固有名詞の賞を残したことを大変臆面のない行為と存じます。しばらく続けたら、きっぱりとやめて、新しい活動に向かってほしいと思っています。

【応募の問い合わせ先】
ＮＰＯ法人高齢社会をよくする女性の会 事務局
ウェブサイト（https://wabas.sakura.ne.jp）
電話０３－３３５６－３５６４（月・水・金）
※「高齢社会をよくする女性の会」への入会の問い合わせなども、
こちらへ。

財産の行き先は自分の意思で遺言書に残す

遺言書はあとに残る人への配慮とお願い

親が亡くなったあと、遺産の相続問題で子ども同士が骨肉の争いをしたという話をよく聞きます。子どものいない夫婦の場合、亡くなったほうに兄弟姉妹がいたら、その人たちも遺産を受け取る権利が生じます。ただし、「配偶者に全部相続させる」旨を遺言書に書いておけば、兄弟姉妹には分配されません。私の友人で、子どもがいない資産家のご夫婦にその話をしたところ、遺言書を作られ、ご主人の死後に慌てなくてすんだそうです。相続税の申告や納付の手続きは、死亡後一〇か月以内と決められているので、案外余裕がないのです。

財産がいくらもなくても、残った人たちが仲良く、平和に暮らしてくれるように一筆書き残しておくのが、先に逝く者の心遣いだと思います。

私はといえば、子どもは娘一人しかいませんから、遺言書を残さなくても相続争いの心配はありません。相続とは別にいくらかの資産を、しかるべき人や団体に寄贈したいと考え、二〇二二年に「樋口恵子賞」を設立しました（151ページ）。

実は、約四〇年に渡る「高齢社会をよくする女性の会」の活動に対して、いろいろな賞をいただいており、その賞金を合算してみたら、けっこうな金額になっていました。私個人名義の口座に振り込まれてはいるものの、会の皆さんとともに活動してきた賜物ですので、有意義に使いたいと思っていたのです。

寄付の場合は、受け取る側が個人だと贈与税や相続税がかかったり［注1］、法人の場合でも収益事業への寄付には法人税が課せられたりと複雑なようです。国のほうでも、社会的に意味のある寄付が気軽にできるように、法律改正を進める動きがあるそうなので、期待しています。

人生にはいろいろな選択があり、人はそのつど、熟慮して決定を下して生きてきたと思います。私にとっての遺言は、最後の選択であり、あとに残る人々へのわがままなお願いでもあるのです。

葬儀やお墓の希望は日常的に伝えておきたい

遺言のほかに、書き残しておくべきことは多々あります。エンディングノートを作って、銀行口座や証券、生命保険の番号、基礎年金番号などはまとめて記入しておきましょう。葬儀やお墓についても希望を書いておけば、残された人は事が進めやすいと思います。自分の家の宗教が仏教でも何宗なのか、お墓がどこにあるのか、子どもは案外知らないと聞きますから。

葬儀については、私自身は無用だと考えています。

二人の連れ合いを見送りましたし、親しい人の葬儀にも何度も出席しました。今度は、見送られる側になるのかと思うと気恥ずかしさが先に立つのです。これまで、いろいろな社会的な呼びかけを遠慮なくさせていただき、大勢の賛同者を得て活動してきました。そして、何かといえば皆さんに集まってもらっていますから、死んでまで集まってもらうのは、欲張りが過ぎるのではないでしょうか。

それと、私と同年配の友人たちは気軽に外出できない身体状況になっていますから、「長年つき合った樋口のために行ってやらなくては」などと無理をさせ、心身に負担をかけたら申しわけありません。というわけで、私の葬儀は、ごく親しい人だけが集まる家族葬でお願いしたいのです。

あまり細々とした指示は出さず、あとの人を信用して、「お世話になります。どうぞよろしく」という気持ちで逝きたいものです。どちらにせよ、身近な人との日常茶飯事の話題として、最後の始末についても明るく話ができていると、心の重荷が少しは軽くなるのではないでしょうか。

注1　寄付先の個人が公益事業を行っていて、それに活用する場合は、相続税は課税されない。

「あとのこと」を任せる手立て

遺言書

遺言書には、「自筆証書遺言」と「公正証書遺言」、「秘密証書遺言」があります。内容を秘密のまま保管できる「秘密証書遺言」は、利用も少ないため、ここでは前者二つの遺言書について簡単に説明します。

自筆証書遺言は、遺言書を自筆で書き、日付と氏名を記入し捺印したものを指します。自分で保管してもよく、その場合は保管場所は誰かに伝えておきます。遺言者が自分で自筆証書遺言を保管した場合は、亡くなったあとに家庭裁判所での検認手続きが必要です。自筆証書遺言を法務局に預けて保管した場合［＊1］は、検認手続きは不要になります。

身寄りがないなど、遺言書の保管場所を気軽に伝える人がいない場合でも、安心できるのが公正証書遺言です。二人以上の証人の立ち会いのもと作成します。遺言者は遺言書に記載したい内容を、公証役場の公証人に話し、公証人がその内容を筆記し、遺言者と立ち会った証人がその文書を確認し、それぞれ署名し、捺印すると、公正証書遺言が完成します。この原本は公証役場で保管されるため、不正や紛失の心配はありません。公証役場は全国に約三〇〇か所あります。法定相続人ではない人にも財産を遺したい場合や、遺言の内容を実現する人を指定したい場合などにメリットがあります。

任意後見制度

遺言書同様、判断能力がしっかりある間に契約したいのが「任意後見制度」です。これは、認知症を患ったり、判断力が低下した時に備えるための制度で、一人暮らしや、周りに助けてくれる人がいない場合に、本人の代わりに特定の人（任意後見人）に、財産管理やさまざまな手続きなどをしてもらえるよう、契約を結びます。

任意後見人は自分で決めることができますが、公証役場で公正証書という法的な手段によって、契約書を作成します。実際に任意後見人が仕事を始めるまでには、家庭裁判所に「任意後見人監督人」の選定を依頼し、任意後見人監督人を選任してもらう必要があります。

なお、遺言がなく、手続きを任せる任意後見人もおらず、遺産相続人が一人もいない場合は、家庭裁判所の審判によって選任された相続財産管理人が、財産の適切な管理・処分を行い、最終的には国庫に帰属させることもあります。

＊1　2020年7月10日に開始した「自筆証書遺言書保管制度」のこと。自筆証書遺言を法務局で保管してもらえる。

葬儀は、人に「移動」を強いない形で

元気なうちに連絡を取り合い、悔いのない別れを

私は「葬儀無用。親しい人だけが集まる家族葬でお願いしたい」と思っています。葬儀というものは、見送る人たちの思いを語り合う場でもあるので、葬儀自体を否定するつもりはありません。しかし、九〇代になった私が「葬儀無用」といい出したのは、自分の死をはっきりと意識し始めたことと、超高齢社会の到来

を実感しているからです。

超高齢社会の葬儀は、亡くなる人が九〇代なら、会葬する友人も多くは九〇代です。体調の悪さを押して葬儀に出かけ、体調を崩したという人も珍しくありません。離ればなれに住んでいるきょうだいの葬式であれば、何がなんでも駆けつけなくては、と思っても、高齢者は「移動」ができないのです。

私自身、ヨタヘロになってつくづく思うのは、移動のための身体能力は割合早く失うということ。例えば、私は車いすに乗せてさえくれれば、飛行機に乗ることはできますが、行った先の空港で車いすを操り、一人で移動する自信はありません。新幹線ならなおさら、道中は困難を極めるでしょう。家族や友人に「一緒にお葬式に来て」とはとてもいえません。

体が弱っていても話ができるのなら、安否が気になる人には電話をするとか、手が不自由でなければ手紙を書くなど、可能な手段を駆使して連絡を取り交流していれば、たとえ葬儀に行けなくても後悔なくお別れができそうな気がします。

故人にふさわしい葬儀なら宗教にこだわらなくてもいい

さて、皆さんが迷われるのは、家族葬と決めても宗教的な儀式を行うのかどうか、ではないでしょうか。基本的には、日本は宗教の自由がある国ですから、本人の信仰や家の宗教、喪主の考えに合わせるしかありません。私の父は浄土真宗のお寺の三男坊でしたが、跡継ぎではなかったので好きな学問に没頭していました。私も信仰心などこれっぽっちもないのですが、門前の小僧的な真似事で、親鸞聖人が著した「正信偈《しょうしんげ》」なら読むことができます。

無宗教でもお経くらいは読んでもらったほうが落ち着く、と思うのならお坊さんに来てもらってもいいし、お経を読める人に頼んでもいいと思います。私の連れ合いは六〇代の最後に亡くなりましたが、無宗教でした。しかし、学問の仲間が大勢いてお寺で葬儀をしたので、お坊さんの読経とともに盛大に見送りました。

仏教寄りの無宗教ですね。

結局、葬儀は故人の年齢や、亡くなった際の立場にもよるし、経済的な事情もあるでしょうから、それらを鑑みて、その人、その家庭にふさわしい方法を選ぶのがよさそうです。

仏教が敬遠される理由の一つに、死後に何度も行う法事や、お寺とのつき合いにお金がかかることがあげられます。私の連れ合いに関しては、一周忌だけしかしませんでした。毎年、命日にお墓参りに行くのでいいのではないか、と考えています。

一方で葬儀や法事のよさも感じています。何かのご縁でつながった親族が集まり、お墓参りをする風景は、ほのぼのとした温かみを感じます。法事にしても、普段は疎遠にしている親戚一同、子どもの頃に一緒に遊んだいとこ同士が再会する場でもあります。みんなで昔話に花を咲かせたり、故人とのかかわりを振り返る貴重なひと時になります。お金がかかり過ぎない程度に、いまを生きている人の心が安らぐ葬儀や法事を行うことは、それなりの意味があると思います。

参考までにどのような葬儀を行っているのかのデータを探してみました。

二〇二〇年までは一般葬が主流でしたが、その後、コロナ禍の影響もあり、家族葬や直葬・火葬式が増えました。

二〇二二年三月～二〇二三年三月までの調査でも、半数は家族葬を選んでいます（図表5参照）。

図表5　行った葬儀の種類

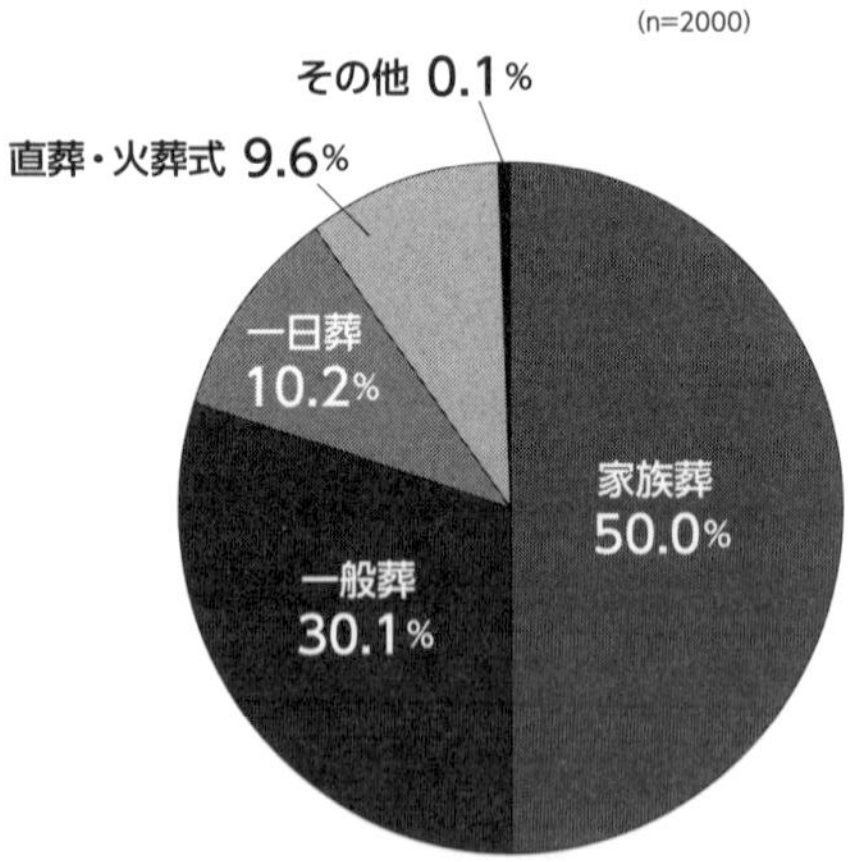

出典＝株式会社鎌倉新書 いい葬儀「第6回お葬式に関する全国調査」2024 (https://www.e-sogi.com/guide/55135/)

お墓問題は、あとに残る人が困らないようにしておく

お墓の承継が難しい時代。多様な形から選ぶのもいい

お墓にはややこしい決まりがあることを知ったのは、最初の連れ合いが亡くなり、私の実家のお墓に納骨しようとした時のこと。お寺から「苗字が違う人のお骨《こつ》は入れられない」と断られたのです。これを「一墓所一家名」というそうですが、数十年前までは、家制度の考え方がお墓にも適用されるのが一般的でした。仕

方がないので私は霊園墓地を探して使用料を払い、墓石を建てて、夫の両親のほうのお墓にも分骨するなど、たいへん苦労したものです。その後、そのお寺もお墓の承継者が途絶えるケースが続出したため、「一墓所一家名」の方針を変えたようでした。共同の供養塔を建てて、そこへお墓から移し替えたお骨は、永代供養ができるようになったのです。なので、現在実家のお墓に入っている五体のお骨を、私の死後、供養塔に移す手続きを取りました。私も死んだらそこへ納めてもらい、いずれ永代供養をお願いすることに決めたら、ほっとして肩の荷が下りました。なぜなら、お墓問題は私の代で終わりにしたいからです。一人しかいない娘はといえば、親の私と一緒のお墓は嫌で、ペットの猫たちと入るといっていますから、「墓守」を期待するのは無理というものです。

お墓というものは、代々引き継がれることが前提となっています。しかし、いまはお墓を引き継ぐ人がいないケースが増えました。私が「ファミレス時代」と名づけたように、少子化や未婚者の増加などによって家族自体が少なくなっているからです。家族がなくて子どもがいなかったら、「お墓の承継」はできません。

その代わり、合同墓や合同納骨堂などが多くみられるようになり、多様なお墓や埋葬の形が提案されています。その人の事情や、価値観に合わせて、お墓が自由に選べる時代になったのです。どんな形のお墓に納まるのが人に迷惑をかけずにすむのか、また自分らしいのかを考えて、あまり高齢にならないうちに決めておきたいものです。

自治体が管理する公営墓地を増やしてほしい

私がお墓のあり方を考えさせられたのは、「高齢社会をよくする女性の会」の仲間と北欧を訪れた時でした。デンマークとスウェーデンでしたが、両国ともクリスチャンの国です。日曜日になると教会の前でお年寄りが集い、乳母車の赤ちゃんをあやしたりしていました。そういった教会を中心にしたコミュニティでは、キリスト教によるお墓が根づいている一方で、もう一つ、地方自治体が管理運営するお墓もありました。後者は有期限の貸しつけですが、契約期間が切れても希望すれば延長することができ、跡継ぎがいなければ合同墓に合葬するというシステムです。つまり宗教によってまとまる墓地と地域社会によってまとまる墓地があるのです。

日本でも自治体が管理運営する宗派を問わない公営墓地が各地にあります。最近では地域の有志が共同で建てたお墓もできています。例えば、ある老人クラブでは、活動仲間で合同墓を作り、希望する人が入れるようにしたそうです。いろいろなお墓があるのはいいことですが、基本的には、地域で暮らしてきたのなら、その地域で眠るのが自然なことのような気がします。そのためには、住まいから遠くない所に公営墓地がもっと増えることを願っています。

自分のお墓のことはさておき、地方に親のお墓があるもののそれを引き継ぐ人がいない場合、「墓じまいをしなくては」と悩んでいる人も多いと思います。墓じまいをして近くに改葬する作業はとても大変ですが、いつかは取り組まなければならないことです。

事程左様《ことほどさよう》にお墓問題はめんどうで気が重いもの。体力気力があるうちに、自分たちの代できちんと決着をつけておいたほうが、あとに残る人たちを悩ませずにすみます。理性をもって、現実から逃げずに向き合うことが、長く生きてきた人のたしなみだと思います。

お墓の承継について

お墓は「買う」のではなく、「墓地の永代使用権を取得する」ものです。永代使用権を取得することで、墓石を建てたり、納骨したりすることができますが、土地は借地です。この「永代使用権」の「永代」は、代が続く限りという意味になります。

お墓の所有権は承継が前提となっています（民法第八九七条「祭祀に関する権利の承継」）。祖先の祭祀を主宰する人が承継者となりますが、民法では承継者の続柄を明記していないので、必ずしも子や孫などの直系でなくてもよく、一般的には血縁関係にある人に承継者になってもらうことが多いようです。

お墓があっても承継者がいない場合は、供養も維持管理もされないので、やがて無縁墓となる可能性が大きく、そうなると墓地の使用権も消滅します。

それを避けるために、最近では、生前に申し込みができる「永代供養墓」や、公営の「合同墓」などを選ぶ人も多くなりました。これらは承継を前提としないお墓なので、子どもや孫のいない人も安心です。墓石の代わりに樹木を目印にする樹木葬や、納骨堂に骨壺を納める方式も増えてきました。どちらも永代供養墓で、寺院や墓地管理会社がお墓の供養や管理を行います。

第5章

この先も人生の主人公。前向きに生きるには

体を鍛えて外出し、人との交流で心も元気に

体が弱ると、出かける楽しみがなくなる

九〇歳の時のことです。玄関先に立っていた私は、つまずいてもいないのに前のめりに転んでしまいました。それで思い出したのが、私が六〇代の頃、三五歳年上で婦人解放運動家の加藤シヅエ先生に、「九〇代になると、立っているだけで、ふわーっと転んでしまうのよ」といわれたこと。実際、その時の私は腰にも膝に

も背骨にも力が入らず、体幹を支えきれなかったのです。

老いというものは、受け入れるしかないのだと、つくづく思い知らされました。

体が弱くなると、スーパーに行くにもタクシーを呼ぶことになり、お金がかかります。だったら、行かなければいいと思われるでしょうが、外に出ることは大きな楽しみなのです。気分転換にもなるし、人との会話も生まれます。

夫が存命の人なら少なからず会話があります。しかし、「おひとりさま」になれば話す相手もおらず、人恋しくなります。顔見知り程度でもいたほうがいい。いるといないとでは、寂しさが違うのです。

さまざまな形の人間関係をもっていることは、生きていくうえで欠かせないこと。だからこそ、出会いと楽しみを求めて外に出かけましょう、といいたいのです。そのためには、その歳なりに足腰を鍛える努力が必要です。

地域には、人と出会える場が意外に多くあります。公民館や図書館、地域センターでの催しや講座などには、積極的に参加してみてください。学習系の講座ではさまざまな学びがあるし、手仕事系なら作る喜びがあります。学びや喜びが、外出しようと思う背中を押し、元気に生きる秘訣となることでしょう。

今日は調子がいいから参加してみようと思える時だけでもいいし、嫌ならやめていいのですから、片っ端から試してみて、自分に合うものを探してみましょう。それができるのも、歩ける体があってこそ。体力作りが必要なのです。

高齢者なりの運動で、できる限り動ける体に

そうはいっても、私も長いこと体を動かすことに興味がもてず、運動にお金をかけるくらいなら、本やオペラ鑑賞に使いたいと思っていました。

なぜかといえば、私は中学から高校、大学まで新聞部の活動に没頭し、結局は評論家になりました。趣味といえば混声合唱団で歌を唄い、演劇部の友人の手伝いをしたりと、文系一筋。しかし、身体的な老いを自覚し始めた七〇代の終わり

頃から、体の機能の現状維持に努めないと、出かけたくても出かけられないと痛感するようになったのです。

運動をしていない弊害は、割に早くやってきます。例えば、私の大切な趣味のオペラ鑑賞では、一場が一時間以上の上演時間の作品が多くあります。私より少し年上の知人は、トイレが気になり、オペラの一幕、一時間が座っていられないというのです。映画でも演劇でも、劇場に出かけて鑑賞しようと思うと、やはり体を鍛えておかなければなりません。

八〇代になってからパーソナルトレーナーについてリハビリを兼ねたストレッチを始め、いまでも月に三回続けているのは、そういう考えがあったからです。

ストレッチの内容は主にスクワットです。立った姿勢からゆっくりお尻を下ろしていって座る姿勢になるのを一〇回くらい。何もつかまらないでやるのはけっこう大変ですが、がんばってやっています。トレーナーには「無理しないでゆっくりね」といわれるのですが、ゆっくりやるのがまたきついんです。それから、トレーナーの手をもって膝を上げたり下ろしたり、歩く姿勢をみてもらったり、肩を動かしてもらったり、腕を伸ばしてもらったり。普段は伸ばさない筋肉を伸ばすのがいいいんですね。最後はマッサージをしてもらって、全部で一時間程度ですが、だいぶ運動した気分になれます。本当は自分でやればいいんでしょうけど、私は無精だから、パーソナルトレーナーが来てくれて、「一緒に努力していきましょう」などと励ましてくれると、がんばる気持ちが湧いて、続けられています。子どもの頃は運動が苦手だった私も、こうして体を動かせば気持ちがよく、いまでは楽しみの一つになっているほどです。

パーソナルトレーナーとまではいかなくても、公民館や体育館などの公共施設に併設されているスポーツジムなどでは指導者がいますから、そこを利用して、いまからでも運動を始めましょう。そこで友だちができればなおよし。ヨタヘロでも、おしゃべりができて、行きたいところに自分で行けたら、毎日を楽しく生きられそうです。

やがてくる友との別れ。だからこそ交流を深めて

寂しさに耐え、残りの人生をしっかり生きる

八〇代に入る頃から、当然ですが、友人、知人の訃報に接する機会が増えてきました。しかしながら、葬儀やお別れ会に行けなくて、つらい思いをすることもたびたびです。いつだかは、亡くなった親友のお悔やみに、何か月も経ってからようやく行けたことがありました。ご家族からの葬儀の知らせに「絶対に行きま

すよ」といったものの、当日、急に豪雨となり、タクシーが来てくれなかったのです。かくのごとく、八〇代ともなれば天候にも左右されるし、日によって体調もすぐれず遠出は無理という日があるのです。

お悔やみに行ったその親友とは小学一年生の時に出会い、中学こそ疎開のために別々だったものの、その後の高校、大学まで同じ学校に通い、八十余年に渡って固い友情で結ばれていました。思い返せば、私が評論活動を始めた頃、ちょうど最初の夫を亡くして精神的にどん底にいた時期と重なるのですが、彼女は勤め帰りに毎日のように家に寄ってくれていました。私に執筆の仕事の依頼が入ると、どういうふうに書いたらいいのか、彼女と侃々諤々《かんかんがくがく》の議論をした末、一本の原稿にまとめたものです。その甲斐あって、私の書くものは割合に評判がよく、いろいろな週刊誌や雑誌から寄稿を頼まれ、気がつけば評論家という肩書がついていました。これも彼女のおかげと、感謝の念しかありません。

永遠の別れはつらいものですが、九二歳の今日まで長生きすると、こんなにすばらしい友人に出会えて、私はなんてラッキーだったことかと、思わずにはいられません。
ご冥福を祈ると同時に、かける言葉は一つ、「ありがとう」です。

考えてみれば、評論家の先輩である吉沢久子さんや秋山ちえ子さん、医師の日野原重明先生など、いまは亡き尊敬する大先生方もまた、年齢とともに同年配の親しい友人を見送ることが多くなり、あとに残るつらさを経験されたことでしょう。それでも矍鑠《かくしゃく》として立派な意見を述べられていた、その姿に励まされ、私も最後までしっかりと生きていこうと、気を引き締めているところです。

友との交流を絶やさず励まし合おう

そんな私が皆さんにお伝えしたいのは、「友だちを大事にしましょう」ということです。そのためには、実際に会えなくても、電話をしたり、手紙を書いたりして交流をはかること。ただし、高齢になると、電話をしようと思っても、相手の耳が遠くて会話が成り立たなかったり、手指が不自由だから手紙が書けないといわれたりします。

「老い」の現れ方は一人ひとり違うもの。それぞれに合わせたコミュニケーション手段を考え、連絡を絶やさないよう心がけましょう。

私は筆不精で有名だったのですが、後期高齢者となる七五歳頃を境に、行動パターンがまるっきり変わり、「筆まめ」になりました。いただきものをすれば、すぐにお礼状を書きます。絵葉書に「けっこうなものをいただき、何よりうれしいです」と。そのひと言で、相手の方も喜んでくださる。そういった頻繁な応答が、相手にとっても自分にとっても、どんなに手応えのあることでしょうか。

年賀状にしても、やめるばかりがよいのではないと思います。私は半ばやめたような状況ですが、気になる人にはこちらから出して、返事がくればうれしいし、出さなかった人からもいただくと元気でいることがわかり、ほっとします。

特に、女同士の交流はできる限り続けて、励まし合うのがいいのです。なぜなら、女のほうが長生きなので、一人暮らしの人が多く、しかもみんなヨタヘロですから、周囲の人に励まされながらも、時には励ます側に回って、自分自身を鼓舞しなければなりません。


女性の平均寿命は男性より六年ほど長いのですが、そのぶん、健康でない期間も長くなります。この間、夫が先に亡くなれば健気に見送り、ヨタヘロしながらも、もう一度立ち上がるしかありません。

そういう時に心の支えになるのが、女の友人です。「がんばって」といわれれば心強いし、視覚聴覚が衰えたと嘆いている人には、「もうひとがんばりしましょうよ」といえば励ます喜びを感じて、自分も元気が出てきます。

そうした交流があれば、いざお別れする時も、「いままでありがとう」と心からいえて、潔い気持ちで前に進めるのではないでしょうか。

まだまだ現役。人の役に立つことを考えてみる

役に立ちたい気持ちが「つながり」になる

女性の半数が九〇歳の誕生日を迎えられる長寿の時代になりました。しかし、一〇〇歳までをどう生きるかについては、まだ手本が少ないのが現状です。私にしても、九〇代に入ったと思ったら、あっという間に九二歳の誕生日を迎え、その間に手術をするという大きな出来事にうろたえてしまったり。そんな私でも、ほ

んの少し人の手を借りれば外出もできるし、いろいろな集まりに参加することもできます。口は達者ですから意見を述べることもできます。

つまり、できることと、できないことが同居しているのが九〇代であり、社会的にみれば、「人生一〇〇年時代」を生きる初めての世代ということになります。

この世代に必要なのは、人とのつながりです。つながりといっても、高齢者の場合は、ほんの小さなことでいいと思っています。そのことを端的に表している言葉をご紹介しましょう。

だいぶ前のことですが、ある雑誌に掲載された新語についてのエッセイのなかに、「微助《びすけ》っ人《と》」という言葉をみつけました。前後の文章を読むと、「歳をとっているから大きなことはできないけれど、わずかでも世の中の、自分以上に問題を抱えている人のために役に立つことがあれば、ちょっとした助っ人をやらせていただきましょう」というような内容が書かれていました。

その主旨に賛同した私は、当時、いくつかの雑誌や本で取り上げましたが、また最近になって思い出し、「微助っ人になりましょう」と書いたり、話したりしています。

すると、思いのほか高齢男性からの共感の声が大きく、しかも皆がやさしく穏やかで、善意に満ちており、私は非常に励まされました。これまで、社会参加に消極的だった高齢男性からの反応はうれしく、「微助っ人」は、確かなつながりを生む考え方だと納得しました。

そうはいっても、自由に行動できない高齢者に何ができるの？と思われるかもしれません。でも、自分が不自由だからこそ、不自由な思いをしている高齢者や障がいをもった人たちに思いを馳せることができます。そして、周囲の人に自分の考えを話したり、新聞や役所の「意見箱」に投書するなど、社会をよくする小さな行動が集まれば、ゆっくりとですが、世の中を動かす力になるでしょう。

つながりを感じて、助けてもらいながら生きる

もう一つ大事なのは、高齢者だからこそ人間関係を広げたほうがいいということ。広げるといっても、人とともに行動したり、会話をしたりしなくても、人とつながっているという感覚がもてればいいのです。

いま私は、週に一回程度を目安に、宅配弁当を頼んでいるのですが、偶然、助手の一人のお母様が私と同じ弁当を利用していらっしゃることがわかり、知り合いが一人増えた気がしました。別の家にいるのに、同じ時間帯に同じものを食べている人がいる。その姿を想像するだけで、つながりが生まれた感じがするのです。

現実に目を移すと、平均寿命の長い女性は、高齢になればなるほど一人暮らし

の人が増えてきます。そうすると、孤食のためか食事をおろそかにし、栄養状態が悪くなって病気を引き寄せてしまいます。夫に先立たれても、妻はきちんと食事をして、しっかりと人とかかわり、夫のぶんまでできる範囲の社会活動をしながら、最期まで生き抜くのが務めではないかと私は思っています。

人とのかかわりを拒否していると、自分の身に何か起こった時、助けてもらうことができません。近所の方とのいい関係を築くことや、公的制度に助けてもらうことは、高齢者がよりよく生きるために必要なことです。

私も二年前に介護保険の要介護認定を申請するようになりました。いまは要支援二です。公的制度ですから、介護士やケアマネジャーとのかかわりは欠かせず、新たなつながりが生まれています。

高齢者施設選びは、事前の準備をしっかりと

施設は三度見学して、実情をよく知る

私が理事長を務めていた「高齢社会をよくする女性の会」は、設立から約四〇年が経ちました。五〇歳で会員になった人は九〇歳ですから当然、「有料老人ホームに入りました」という会員からの知らせが目立ってきました。

高齢者向けの施設に入るかどうか。実は、私は決めかねています。理想をいえ

ば、最後まで自宅で暮らしたいのですが、何かあった時に人を呼ぶブザーを片時も手放せないのでは、気が休まりそうにもありません。家には娘が一人いますが、昼間は仕事に出ていますから、家庭内介護に関しては人手不足です。やはり、介護のプロの力を借りるしかないかなと、迷いながら今日にいたっています。

基本的には、体が動かなくなり、自立して生活することが難しくなったら、よくめんどうをみてくれる介護付き有料老人ホームを、お財布と相談しながら探すのが正解なのでしょう。

もし、皆さんが入居型の高齢者向け施設に入ることを選択肢の一つに入れたならば、まずは見学に行くことをおすすめします。それも三度は行ってほしい。一度めは施設が主催する見学会に参加して、全体像をつかみます。部屋の広さや間取り、お風呂や食堂などの使い勝手をみて、どんな食事が出るかも試食してみます。ただ、大勢の人が来る見学会だと、施設側はどうしても「よそゆきの顔」しかみせないことが多いのです。なので、二度め、三度めは「もう少し詳しく知りたいので」と個人で連絡して訪ねましょう。できれば、見学会の時とは違う曜日や時間帯に行くと、見学会ではみられなかったレクリエーションなどの様子がみられたりするので、よいかと思います。

また、高齢者向け施設の事情に詳しい友だちと一緒に行くと、聞きにくいことを代弁してくれたりして、心強いもの。入居者のなかに知り合いがいたら、面会の形を取って訪ねるのも、具体的な話が聞けそうです。

入居を決める最も重要なポイントは、入居者から寄せられる苦情に、施設側はどう対応しているか、です。入居した施設の居心地が悪かったり、介護スタッフの対応に納得がいかなかったりした場合、改善してもらわないと、安心して住むことができませんから、ここは大切。疑問や苦情は、どこに申し出たらいいのか、その苦情はきちんと管轄の役所に報告されているのかなどについても、しっかり聞いておきましょう。

施設に向いているかどうか、金銭面についても考える

こうして、万全の準備をして施設に入っても、そこが馴染まず退所する人もいます。私はずっと、「誰にでも愛想のいい人」のほうが施設に向くと思っていたのですが、老人ホームの実態に詳しい人によるとそうでもなく、むしろ「周りに無関心な人」が向いているそうなのです。人づき合いがよく、世話好きだったりすると、「○○さんは部屋から出てこないけど、寂しいのではないかしら」と気を遣い、呼びに行ったりします。でもその人は一人でいるのが好きで、おせっかいは迷惑だと感じるかもしれません。スタッフにも、よかれと思っていろいろな意見を進言したりするので、うるさがられたりします。意外なようですが、「われ関せず」で過ごす人のほうが、施設になじむと聞きました。

もう一つ押さえておきたいのは、有料老人ホームに入るためには、ある程度お金に困らないようにしておく、ということ。有料老人ホームといっても、ホテルのような高級なところから、庶民的なところまでさまざま。自宅を売却し、初期費用を調達したとしても、月々の費用がかかりますから、途中で払えなくなると困ります。そのためには、「老人ホームに入る」前提で、六〇～七〇代から資金計画を立てておきましょう。

「お金のことは夫任せ」という人もいるかもしれません。しかし、現実的には、女性は高齢になればシングルアゲインになる確率が非常に高いのです。シングルになった時、持ち家がある人は、そこに住み続けるにはどうすればいいのか、売却した場合にはどれくらいの金額になるのか、相続のことも含めて、調べておく必要があります。めんどうでも、このような手堅さが、人生の総仕上げを楽にしてくれるでしょう。

介護もデジタル時代へ。当事者として知っておこう

変化したデジタル環境に、ついていく努力も必要

昭和元年から数えて九九年。あと一年で一〇〇年です。その間、大きな戦争があり、人々の価値観は変わり、家族のあり方も、私たちを取り巻く状況も大きく変化しました。

しかし、ＷＥＦ（世界経済フォーラム）が発表した「ジェンダー・ギャップ指

数」二〇二四年版では、世界一四六か国中、日本は一一八位。男女格差はなかなか縮まらないのが実情です。とはいえ、私はあきらめる必要はないと思っています。評論家の大先輩、秋山ちえ子先生から以前、「その時代の人が変わりたいという熱意をもって声をあげ続ければ、必ず変わります。五〇年単位でみてごらんなさい」と諭されたことがありました。以来、その言葉を肝に銘じています。小さな声がたくさん集まれば、大きな声になるはず。できることから始めていくしかありません。

目にみえて変わったことといえば、ＩＣＴ（情報通信技術）です。数十年前には、これほどデジタル機器が日常生活に入り込んでくるとは思いませんでした。当時、私にパソコンの操作の仕方を教えてあげるといってくださった人もいましたが、それほど必要性を感じていなかったので、その申し出は多忙を理由にお断りしたほどです。

しかし、時代の波には逆らえません。私が理事長を務めていた「高齢社会をよくする女性の会」でも、「ＩＣＴ社会に高齢者を置いてきぼりにしないで」といい続けてきましたが、二〇二二年の総会では、「高齢者がＩＣＴに習熟することを積極的に激励し、支える」というふうに方向転換しました。

同時に、関係各省庁に「絶対に高齢女性を置き去りにしないＩＣＴ計画を広めてほしい」という要望書を提出しました。つまり、「私たちも積極的に勉強しますから、国はしっかりサポートしてください」といいたいのです。

女性の経験値を生かし、よりよい介護を目指す

一方、一人の人間にもいろいろな変化があり、歳を重ねるごとに刻々と「老い」に近づいていきます。介護が必要になることもあるでしょう。人徳のない私などは、若干のお礼を払わなくては誰もケアしてくれないと思うので、その覚悟はし

ています。高齢者が取るべき態度は、プライドをきっぱりと捨て、いわれたことはすべて受け入れる、全面降伏です。ただし、人にへつらうのも、へりくだり過ぎるのもいけません。介護保険サービスを受けるのは当然の権利ですから、申しわけないと思う必要はなく、むしろ、遠慮なく意見をいい、みんなでよい制度にしていこうという意識が大事です。

二〇〇〇年にスタートした介護保険制度。私も、制度設計にたずさわった一人ですが、発足までにはさまざまな波風が立ちました。「日本の家族制度が壊れる」とクレームをつける人もいましたが、私は「介護保険はむしろ、日本国民の誇りとして作らなければならない」といい続けてきました。

ある本で読んだのですが、広島の九四歳になる一人暮らしの女性が介護保険サービスを受けることになり、ケアマネジャーがその内容を詳しく説明すると、しばらくして「よい時代になりました」とひとこと呟かれたそうです。この「よい時代になった」という言葉は多くの人の実感です。「よい時代」があと戻りしないようにしなければなりません。

一方、ＡＩロボットが介護の一部を担う未来も現実を帯びてきました。しかし、要介護者を抱き起こしたり、移動させることはできても、最終的には人の手が必要です。介護の経験が豊富な女性たちが提案して、ＡＩをどう取り入れればいいのか、知恵を出し合いたいものです。

介護問題もデジタル問題も、高齢者といえども当時代の波を理解し、当事者として向き合わなければなりません。そして次世代に何を残すべきかを考えてほしいのです。そのためには、時代の流れを理解することと同時に、呑み込まれないように、自分で情報を集め、考え、判断していく力を育み、最期まで自立した生き方をしてほしいと、心から望んでいます。

ＩＣＴとＡＩ

ＩＣＴ（情報通信技術）とは

インターネットやパソコンなどの情報通信機器を用いて、情報の作成や処理、伝達、保管などに使用される技術の総称です。ＩＴ（情報技術）に加えて、コミュニケーションを実現するネットワーク、通信、メディアなどの技術も含まれます。

ＡＩ（人工知能）とは

言語の理解や推論、問題解決などの知的行動をコンピュータに行わせる技術です。また、計算機による知的な情報処理も行います。

ＡＩロボットは、ＡＩを用いたロボットで、学習し、自立的な動作を行います。製造業や医療、介護、サービス業など、さまざまな分野で活用され始め、研究が進んでいるところです。

私のターニングポイントと、力を注いできたこと

「婦人問題懇話会」への参加が、私の活動の出発点に

いまから六〇年ほど前、夫を病気で亡くした三〇代前半、なんとか子どもを育てなければという思いを抱き、母に手伝ってもらいながらですが、出版社で編集者として働いていました。ある日、新聞を読んでいると、霞が関の議員会館で「婦人問題懇話会」が開かれるという、小さな記事が目に留まったのです。

興味を覚えた私は、土曜日の午後なら行けると思い（当時は週休二日制ではなかった）、上司に「取材する価値があるから」とかけ合い、足を運びました。

「婦人問題懇話会」（のちの「日本婦人問題懇話会」）は、労働省（現・厚生労働省）の婦人少年局で局長を務めていた山川菊栄さんや、のちに参議院議員となった田中寿美子さん、女性弁護士の先駆者である伊東すみ子さんが発起人となって、一九六二年に立ち上げられた会です（二〇〇一年まで活動）。そこへ、労働省の官僚となった赤松良子さんが加わり、錚々たるメンバーの集まりになりました。

赤松さんは、私より三歳年上で大学の先輩でもありますが、国連日本政府代表部公使を務めた後に、労働省婦人少年局長時代に男女雇用機会均等法の成立に尽力するなど、国内外で活躍され、多大な功績を残されました。

二〇二四年二月に九四歳で亡くなられましたが、私にとって、この婦人問題懇話会で赤松さんに出会ったことが、人生のターニングポイントとなりました。

会場に入ると、小柄な女性が椅子に座っておられ「あなた誰？」と聞かれました。名前と職業、出身大学などを述べたところ、私が大学の後輩であることがわかり、親近感を覚えられたのかどうかわかりませんが、それからは「ヒグチ、ヒグチ」とかわいがってもらいました。

戸籍上、夫が妻の姓に。その選択に驚く

私が最も驚愕し、尊敬の念を抱いたのは、赤松さんは既婚者であるけれど、ご伴侶のほうが改姓して、赤松姓を名乗っておられることでした。しかも、聞けば、夫婦どちらの姓を名乗るかはじゃんけんで決めようということになり、実際は、ご伴侶のほうが「僕が勝ってしまうと人並みになってしまうから、僕は負けたことにするよ」といわれたとか。

これはもう新鮮な驚きでした。選択的夫婦別姓制度の議論は当時からあったも

の の、別姓ではなく、じゃんけんで負けたことにして、妻の姓にするなんて！　そんな男の人が実際にいるんだと。
私の常識をすっ飛ばす出来事でした。と同時に、私の意識の五歩も六歩も先を行っている人たちがこの議員会館には集まっているのだ。田中寿美子さんや山川菊栄さんもいらっしゃる。戦前から女性のために闘ってこられた人たちに連なる長い列の後ろへ、私も加われたのかと思うと、身が引き締まる思いがしました。

赤松さんに、「男女平等を実現するためにという動機で、結婚しても姓を変えなかった人に会ったのは初めてです。非常に感服しました」と申し上げたら、とても喜ばれて、飲みに誘われました。でも私は下戸なので、お酒のつき合いはしないことにしているといいましたら、「では」と日比谷公園に行って、ベンチに座り、夜中まで語り合ったことがありました。

高齢社会をよくすることは、誰もが生きやすい社会を作ること

赤松さんとの出会いから二〇年後の一九八三年、私は「高齢化社会をよくする女性の会」（現・NPO法人「高齢社会をよくする女性の会」）を同志とともに設立しました。日本の嫁たちの悲哀を取材するなかで、女性を家庭内の労働力としてしかみない差別的な現状を変えていかなければ、迫りくる高齢化社会には対応できないと確信したからでした。

折しも、平均寿命の延長や核家族化による家庭内での介護に、いずれ限界がくると見通され、国も対策を探り始めた時期でした。

高齢化率七％を超え、日本が高齢化社会を迎えた一九七〇年代では、当時の政府（厚生省）の「昭和五三年版 厚生白書」にも「同居という、我が国のいわば

『福祉における含み資産』とも言うべき制度」と書かれ、この見地から介護問題は起きないという見方も多く、ほかの先進国のような、女性に対する育児休業や介護休業は必要ないとされていたのです。

しかし、一九九四年に高齢化率が一四%を超え、「高齢社会」になると、さすがに介護の担い手不足が問題視され始め、介護を地域で支える仕組み作りの重要性が有識者の間で議論されるようになりました。

私たちの会も、女性がよりよく生きられるようにとの観点から、介護保険制度に関する審議会などでずいぶん意見を述べさせてもらいました。

そして一九九六年一一月、国会に介護保険法案が提出され(公布は一九九七年一二月一七日)、二〇〇〇年四月より介護保険制度が施行されたのです。

ちなみに、二〇〇七年には高齢化率が二一・五%となって「超高齢社会」の仲間入りをし、二〇二三年には高齢化率二九・一％です。

会を立ち上げた当初は口コミで会員が集まり、各地で勉強会が開かれました。当時は、介護や女性の地位といった問題を学びたくても情報が少なかったため、関心を集めたのでしょう。

現在はネットなどで情報が得られるものの、何人かが集まり、自分の体験談を話したり、それに共感してもらったり、意見交換することは、一人ひとりの考えを深めるのに役立ったのではないかと思います。

そして、会員たちの声を汲み上げる形で、介護保険制度に関してのみならず、女性の権利が損なわれることがないようにと、節目節目で関係省庁などに要望書を提出してきました。基本的に、要望書を拒否されたことはありませんから、少しはどこかで反映されているかもしれません。

こうした私たちの歩みは、「婦人問題懇話会」で学んだことや、赤松さんの国内外での女性の地位向上のための活動が、背中を押したのはいうまでもありません。介護保険制度発足から二〇年以上経過した現在は、介護の社会化が進んだことで、女性たちが社会で活躍できたり、余裕をもって生活できる環境が少しは整ってきたのではないでしょうか。この仕組みは、いまは元気でもいずれ介護を受ける側になるかもしれない人のためにもなり、ひいては家族全体の幸せにもつながると思っています。

生涯現役。いち消費者、いち有権者

最後にお伝えしておきたいのは、「生涯現役。いち消費者、いち有権者たれ」ということです。生涯現役で働くという意味ではありません。生涯、社会で生きている人間としてものを考え、消費者として感じる矛盾や理不尽さの正体を見極めることを指します。そのためには、有権者として信頼できる議員を選ぶことが第一歩です。

私たちの会は、高齢女性の意見をまとめて明らかにしていく活動を今後も続けていきます。皆さんもそれぞれの立場で、生活のなかでできる、ほんの少しの社会活動を行ってくださることを望んでいます。選挙に行くのでもいいし、議員に要望書を送るのもよく、友人同士でディスカッションをするのでも、ボランティア活動をするのもいいと思います。

私のターニングポイントは三〇代でしたが、それから六〇年もの間、女性たちが幸せになれる社会を実現する、という目的のために活動してきました。二〇二四年六月で、「高齢社会をよくする女性の会」の理事長は退きましたが、これからも、取材などでの発言や執筆、書籍の出版などを通して活動を続けていくことでしょう。

私の場合は、それが生涯現役であるということです。自分の人生の主人公は自分。他人任せではいけません。一人ひとりの小さな活動は、活動する一人ひとりの生きがいにもなります。その積み重ねが、やがてみんなが安心して歳をとれる世の中の実現につながるでしょう。

編集協力・帯写真撮影　山中純子
イラスト　赤池佳江子
ブックデザイン・図版製作　唐澤亜紀

樋口恵子（ひぐち・けいこ）

1932年、東京都生まれ。東京大学文学部卒業。時事通信社、学習研究社、キヤノン株式会社を経て、評論活動に入る。政府の男女共同参画会議の委員などを歴任。介護保険制度創設に尽力するなど、女性や介護、高齢者問題に深くかかわり、執筆や講演などに力を注ぐ。NPO法人「高齢社会をよくする女性の会」前理事長（現在は名誉理事長）。

著書に『老いの福袋　あっぱれ！ころばぬ先の知恵88』『老いの上機嫌　90代！笑う門には福来る』（ともに中央公論新社）など多数。

老いてもヒグチ。 転ばぬ先の幸せのヒント

2024 年 12 月 13 日　初版第 1 刷発行
2024 年 12 月 19 日　初版第 2 刷発行

著者　樋口恵子

発行者　松原淑子
発行所　清流出版株式会社
〒101-0051
東京都千代田区神田神保町 3-7-1
電話　03-3288-5405
https://www.seiryupub.co.jp/
編集担当　秋篠貴子・須鎌裕子
印刷・製本　シナノパブリッシングプレス

乱丁・落丁本はお取替えします。
ISBN978-4-86029-572-1
本書をお読みになった感想を、QR コード、URL からお送りください。

https://pro.form-mailer.jp/fms/91270fd3254235